Never ending dream

hide story

大島暁美

目錄

illustration：hide

序

「我只記得小學時很胖。」

hide被問到幼年時期的回憶，經常這麼回答。

從他成為音樂人功成名就後的模樣來看，根本無法想像，

但小時候的胖，帶給他極大的自卑感。

這樣的hide，在國中時遇見搖滾樂，大受衝擊，

從此懷抱著成為搖滾明星的夢想，

對青春期的少年少女都會在心裡描繪的明星產生了憧憬。

擔心兒子將來的父母對他說：「幾萬人中只有一人能成為藝人。」

高中生的hide回說：「我就是會成為那幾萬人當中的一人啊。」

為了追逐這個夢想，他憑自己的意志，決定改變自己。

言出必行是hide的座右銘。

於是，他踏上通往憧憬的搖滾明星的階梯，一步一步穩健地往上爬。

他愛著改變了「曾是又胖又內向又任性小屁孩」的自己的搖滾樂，
他愛為了實現夢想一起飛越時代的許多夥伴們，
他愛許許多多支持他的歌迷，也得到他們滿滿的愛。

為了摧毀西洋音樂與日本傳統音樂之間的高牆，
hide做出把人類的Groove（律動）與數位融合的聲音，
翩然飛越類型的藩籬，
摸索搖滾樂的嶄新未來。
而那扇門也確實即將為他敞開。

這是一個平凡男生hide的人生歷史，
描述他經歷許多邂逅與挫折，
在一心嚮往的搖滾明星道路上，
不斷奔馳、永不懈怠的故事。

第1章

白白胖胖的小男生

一九六四年十二月十三日，ｈｉｄｅ（本名松本秀人）出生在神奈川縣橫須賀市的聖約瑟夫醫院。白雪從天空霏霏飄落，聖誕歌響徹街道，彷彿在祝福兩千六百公克的小嬰兒的誕生。

ｈｉｄｅ的父母松本滿、松本順子夫妻，是在前一年的一九六三年結婚。第一個孩子ｈｉｄｅ的誕生，讓他們滿心歡喜。母親從結婚前就決定：「生孩子一定要生男生。」因為她認為：「男生即使結婚，也會把老婆帶回來，家人會越來越多。但是，女生會嫁出去，這樣有點寂寞。」不知道是不是因為這麼強烈的意志，松本家的兩個孩子都是男生。第一個孩子取名為秀人，也是母親老早就決定了。她取這個名字是希望孩子將來能「成為優秀的人」，然而，擅長姓名學的朋友反對地說：「這個名字不好，孩子跟父母的緣分會很淺。」但是，她堅決不肯讓步。父親尊重母親的希望，為第一個孩子取名為秀人。

嬰兒時期，ｈｉｄｅ沒有經過爬行、扶著東西走路的過程，在十個月大左右就自己站起來走路了，成長非常快速。在日本，會在小孩一歲生日時，準備一升餅讓小孩背在背上，祈禱小孩一生幸福。ｈｉｄｅ在這個慶賀儀式中，背著約兩公斤的餅，一個人搖搖晃晃地走著，在一旁守護他的父母、祖父母都看得笑呵呵。當時ｈｉｄｅ收到的賀禮，有捷豹的兒童電動車和烏克麗麗。他開心地琤瑽琤瑽彈著烏克麗麗、開著電動車玩。父母親說：「一歲時的這個記憶，或許是ｈｉｄｅ長大後想成為吉他手、愛上捷豹（車）的原點吧。」他從小就討厭穿尿布，所以很早就會一個人上廁所了。看著成長速度稍微超越周遭小孩的愛子，父母更是寄予厚望，期待「這個孩子長大後會跟名字一樣成為優秀的人」。

儘管很快就學會站了，幼兒時期的ｈｉｄｅ卻是個很容易感冒的孩子。原因之一是出生時的體重兩千六百公克，只比被判定為早產兒的兩千五百公克多一點而已，所以天生就不是很健康的體質。曾經因為氣管不好導致肺炎，而住進了醫院。也經常發生因過瘦而引發名為自體中毒的嘔吐症，三天兩頭跑醫院。母親認為ｈｉｄｅ的身體不好，是因為自己無法在嬰兒時期提供充分的母奶，所以把滿滿的愛投注在ｈｉｄｅ身上，百般呵護地撫養他長大。「總之，為了讓他成為不會生病的健康孩子，我要做很多營養的東西給他吃。」母親這麼想，比一般人都重視愛子的飲食。結果，ｈｉｄｅ沒生過什麼大病，不斷茁壯成長，變成一個臉圓圓的白白胖胖的小男生。

一九六八年四月，hide進入聖佳幼稚園，度過了三年的托育生活。在他入園的前天，小他三歲的弟弟裕士出生。與hide共度孩提時代，長大後成為hide的個人經紀人，於公於私都支撐著hide的裕士出生時，hide天真爛漫地為弟弟的出生雀躍不已。他會靠近睡在嬰兒床裡的裕士，看著嬰兒的臉，笑得很開心。父母笑咪咪地看著hide那個樣子，根本不知道他其實是在想「有隻很像猴子的動物睡在床上呢」。

幼稚園是屬於基督教，有英文非常好的老師，所以hide從三歲就開始學英文了。還加入鼓笛隊，很自然地培養出音樂的基礎和協調性。而且，身體變好了，也交到了朋友，對小孩子來說是很快樂的幼稚園生活，唯獨有件事讓他覺得很討厭，那就是每年秋天舉辦的挖地瓜活動。幼稚園有田地，所以把挖地瓜當成品德教育的一環，會帶所有園生去挖地瓜，成為聖佳幼稚園每年的例行活動。當然，園生們都很開心。hide不理睬那些尖叫、嬉鬧、全身沾滿泥巴，還不時徒手去挖地瓜的朋友們，自己用鏟子鏟著泥土，盡可能不弄髒手。田地的土含有水分，所以徒手挖的話，飽含溼氣的泥土就會黏在手指與指甲的縫隙裡。hide非常、非常受不了指甲裡面髒兮兮的，無法理解「為什麼要把自己的手弄髒呢？」挖完地瓜，他會馬上跑回家，請母親用刷子幫他把指甲洗乾淨，但是，田裡的土沒那麼容易洗掉，ｈｉｄｅ看到自己有點髒的手，就會不開心地鼓起腮幫子。

ｈｉｄｅ出生的神奈川縣橫須賀市，離東京大約是一個小時的電車車程，有很多面向大海的斜坡，是個大自然富饒的城市。此外，這個城市最大的特徵是，有美國海軍基地及許多自衛隊相關設施聚集的橫須賀港。因此，橫須賀的街道上有很多外國人，飄盪著異國情懷的獨特氛圍。在橫須賀這個城市土生土長，想必對ｈｉｄｅ的敏銳品味及多角化的資訊收集能力有極大的影響。

ｈｉｄｅ的祖母經營的 Midori 美容院，位於可說是橫須賀正中央的橫須賀中央車站附近。這家店很大，除了美容院以外還擴及衣著技巧及美容業務。顧客都是當地的名士、議員夫人、律師、醫生等，是收費也比其他店貴一·五倍到二倍的高級店。掌管這間店的ｈｉｄｅ的祖母，站姿總是直挺挺的，平時就會穿著由和服翻改而成的長禮服或印度民族服飾紗麗，是橫須賀一帶的名人。頂著一頭挑染的鮮豔髮型、戴著四周鑲滿寶石的太陽眼鏡、穿著大膽開衩、織入金線的中國旗袍，在橫須賀街上昂首闊步的祖母，是ｈｉｄｅ憧憬的存在。

ｈｉｄｅ小時候，松本家曾經因為老家進行改建，在這間店的二樓住了一段時間。

二樓有提供給美容師當宿舍的十多間房間，松本家住在其中幾間。正頑皮的ｈｉｄｅ很喜歡寬敞的走廊，經常在二樓的走廊跑來跑去，讓母親追著跑。祖母說過「不可以來店裡」，但是，他曾經在好奇心的驅使下，忍不住跑進店裡，祖母會疾言厲色地說：「進去裡面！」祖母非常疼愛孫子ｈｉｄｅ，在他投入音樂後，也是最能理解他的人，卻從來沒有在工作場所破壞過自己的專業形象。但是不工作時，對兩個孫子非常好，會透過在基地工作的朋友，取得當時稀有的美國製乳酪、巧克力、鹽醃牛肉罐頭等東西，毫不吝惜地送給兩人。並且，為當時還不會自己站立的弟弟裕士，買來美國製的哄小孩玩具——那是把小孩子的身體固定在從天花板懸掛下來的鞦韆上，腳一蹬地，就會蹦蹦彈跳的玩具。hide經常幫年幼的裕士搖晃這個鞦韆。在店裡工作的美容師們異口同聲地說：「沒見過這種東西。」祖母總是慈祥地看著玩這種稀有進口玩具的兩個孫子。

當時，ｈｉｄｅ的父親在橫濱經營店舖。他原本是在大規模汽車製造商的經銷處工作，在高度成長期時賣車賣得很開心，營業成績也是第一名。但是，升職後被分派到其他部門，覺得工作沒意思，就轉行經營店舖，自己當起老闆。橫濱的店舖經營得不錯，母親也常去幫忙。因此，兩人晚上也經常不在家，住在隔壁的祖父和 Midori 美容院的美容師們，為了不讓兩個孩子覺得寂寞，會輪流去松本家照顧ｈｉｄｅ和裕士。晚餐把母親做好的飯菜加熱就能吃了。母親不能讓兩個兒子吃到熱騰騰的晚餐，心有愧疚，所以會先做好很多美味的料理放著。吃那些料理吃到很飽的兩人，並不覺得全家不能一起吃晚餐是多寂寞的事。

因為平時家人難得團聚，所以松本家的假日特別忙碌。幾乎每到假日，全家人就會坐父親開的車外出。把看起來不只四人份的豪華便當、羽球拍、球棒、球等遊玩用具塞滿一車，四個人一起去兜風。目的地有時是海邊、有時是公園、有時是箱根或日光等稍遠的地方，也遠征過長野。到了目的地，父母會瞇起眼睛看著ｈｉｄｅ和裕士開心地跑來跑去的模樣。但是，吃完便當沒多久，父親就會消失蹤影。正納悶他跑哪去了，就看到他在車子裡熟睡。前一晚工作結束回家後，他幾乎沒睡就來為家人服務，所以被睡魔擊倒了。不論ｈｉｄｅ和裕士怎麼拉著他的袖子大叫：「陪我們玩嘛！」或是搖晃他的身體，他也只會說：「再讓我睡一下。」完全不像會醒來的樣子。兩人只好放棄，兄弟一起投球、打羽毛球。儘管父親中途睡著了，他們兩人小歸小，還是很感謝父親這麼努力想騰出時間與孩子遊玩的心意。

這時候，ｈｉｄｅ經歷了造成一生心靈創傷的震撼體驗。某天，他搬動附近空地的大石頭時，從下面爬出一條色彩繽紛的大蟲。有著又長又粗糙的觸手，動作恐怖到無法形容，噁心極了。看到那條蟲的瞬間，震撼到全身僵硬的ｈｉｄｅ，哭著跑回家裡。然後，明明沒有被蟲咬到，卻全身起疹子，發高燒昏睡。「那到底是什麼蟲呢？」身體復原後，hide查遍所有昆蟲圖鑑，都沒看到哪裡有記載。當時看到的蟲的模樣，在腦裡揮之不去。上小學後，他也是一有機會就去圖書館查，但始終查不到那條色彩繽紛大蟲的真相。這個神祕生物，hide摸都沒摸到卻導致溼疹和高燒。經過這個難忘的體驗後，hide非常討厭蟲。長大成人後，也曾公開說：「如果出現蟑螂，我會躲到浴室裡或床上，把身旁的東西都拿來丟蟑螂，等蟑螂自己跑掉。」「如果我的房間出現蟑螂，我會馬上搬家。」他這麼討厭蟲，就是因為小時候有過那種不可思議的體驗。

一九七一年四月，hide進入橫須賀市立田戶小學。當時，他已經變成肥胖的體型。一來是因為他以前身體不好，母親給他吃了很多營養的東西，二來是因為松本家的所有人本來就都很會吃。父親經歷過戰爭，所以抱持著「有得吃就要吃個夠」、「吃甜食還不如吃飯」的想法。而且，他的胃十分強韌，一大早就可以吃牛排、餃子、炸豬排，幾乎來者不拒。hide也繼承了父親的基因，早上一起床就能面不改色地吃下任何油膩的料理。

「必須讓孩子隨時都能吃到美味的食物。」這麼想的母親廚藝高超，會做很多美味的料理。要做全家都愛吃的餃子時，會以公斤為單位採購碎肉，每次都是做一個人大約一百顆的份量。而且，絕不能容忍一菜一湯，菜餚品項一定要多到桌子幾乎擺不下，才是松本家作風。盡量做、盡量吃。結果，松本家的人除了從幼稚園開始認真練劍道的裕士外，全都是圓滾滾的體型。

當時年紀還小的ｈｉｄｅ，並沒有認真思考過自己的體型。他知道自己比其他孩子胖，但全家人都白白胖胖，所以沒有自己比較特別的認知。但是，母親為了找ｈｉｄｅ可以穿的尺寸的衣服，不知耗費了多少精力。當時，小學生都是穿著短褲去上學，但很難找到ｈｉｄｅ可以穿的尺寸的短褲。母親逛遍所有服裝店，只要找到大尺寸的短褲，就會一次買很多件。然而，孩子的成長很快。好不容易買來那麼多件，卻只能安心一時，因為ｈｉｄｅ長得太快，很快就不合身了，陷入必須再去找更大尺寸的惡性循環。

上小學後，母親把ｈｉｄｅ送去學各種才藝。因為附近沒有地方玩，所以她去問警察：「可不可以教小孩子劍道或柔道？」正好在場的警官答應她教劍道。ｈｉｄｅ就跟五、六名同學在星期六下午一起去學劍道。後來，參加這個講習會的人越來越多，便取名為「橫須賀劍友會」。弟弟裕士後來也加入練習，不久後比任何人都投入劍道，而且越練越厲害，不知不覺超越了哥哥和他的朋友們。被弟弟後來居上超越的ｈｉｄｅ，顧慮到母親的心情，一直練到小學畢業，後來不是很投入就中途而廢了。書法是在Midori美容院，跟年輕的美容師一起學的。祖母把書法老師找來店裡，教住在那裡修業的年輕美容師寫書法，一個星期一次，hide也參加了這個講習會。除此之外，還有從幼稚園開始學的英文、附近流行的算盤、空手道，每天放學後的時間都被才藝課占滿了。以小學生來說，這樣的行程非常忙碌，但附近的朋友都是這樣上才藝課，所以hide也以為這是理所當然的事。甚至，背著書包走出小學時，跟朋友彼此交談：「今天要去哪？」、「我今天上英文和算盤，你呢？」、「我去學書法。」都是一種樂趣。

令人意外的是，從小就喜歡繪畫，上課時也經常在課本或筆記本的邊邊空白處塗鴉的hide，唯獨繪畫課很快就不去上了。上繪畫課時，每次都必須素描被指定的對象物，或是畫被交代的主題。hide覺得這樣很無趣，他說：「如果不能畫自己想畫的東西，我就不想去了。」很快就不學了。另外，儘管父母強烈建議，他還是說「絕對不去」所以沒去學的就是鋼琴，理由是「像女生，太難看了」。差點被逼到不得不學時，他就哭著抵抗。長大投入音樂後才非常懊惱地說：「那時候為什麼不學鋼琴呢？」、「為什麼父母沒有把不肯學的我硬拖去上鋼琴課呢？」但為時已晚。

在忙著學各種才藝的日子裡，hide也是個大量閱讀者。他從小就很喜歡母親讀給他聽的繪本，為了想知道後續，甚至試著學會裡面的文字。上小學後，母親買了少年少女世界名作全集給hide。一次拿到這麼多可以自由閱讀的書，hide非常開心，如飢似渴地閱讀。很快就把全集看完的他，又接二連三拜讀了三島由紀夫、森鷗外、星新一等暢銷作家的書。不只時代小說、流行小說、科幻，有時連哲學書都看。不限一種類型，只要跟自己個性契合的作家的著作，他都會隨手拿來看。在這方面，與他後來對待音樂的態度是共通的。

ｈｉｄｅ不太能搭車，是一上車就會暈車的體質。但是，全家人一起兜風時，他一定會帶幾本書上車。不管母親對他說過多少次：「坐車時不要看書，看外面的風景。」他還是會在後座攤開書看，但經常不到十分鐘就會說：「我不舒服。」

從他喜歡閱讀這件事也能知道，在小學的科目當中，他最拿手的就是國語、社會、英文等文科。考試時，他最擅長「請針對ｘｘ做說明」之類的問答題，論述性的答案他都能拿最高分。在校成績整體上都很好，不論哪個科目幾乎都在全班前十名以內。學校成績好並非偶然，而是憑藉著ｈｉｄｅ的明確意志。這個明確意志是來自於「絕對不想被說成笨小孩」、「只要把書讀好就不會被爸媽嘮叨」這兩個理由。因此，他平時雖然是以才藝學習、跟朋友玩為優先，不是那種非常用功拚命讀書的類型，但是考試前一定會瘋狂讀書，總是保持班上前幾名的成績。那種氣勢、專注力十分驚人，由此可見，ｈｉｄｅ從小學就開始實踐「決定目標就一定要實現」的信念。

ｈｉｄｅ的連絡簿上，除了體育以外，都是五或四的高評價。然而，老師在連絡簿上的評語一定是「太安靜」、「最好能再積極一點」。因為上課時，被老師叫起來，他都能回答問題，卻從來不會想自己舉手回答。hide曾經是很怕生的類型，面對第一次見面的人、或尚未敞開心胸的人，絕對不會展露出原原本本的自己。他的本性其實不靦腆也不內向，只是不想在不認識的人面前太過展現自己。學校老師把hide這樣的性格，籠統地歸納為「內向的孩子」。之後，老師寫在連絡簿上的評語，直到他國中畢業都沒有改變過。

是某件事讓向來欣然接受老師「內向」評價的hide，嘗到了被大家注目的愉悅滋味。某天在課堂上，老師在黑板寫下「アリゲーター（alligator）」的片假名，問大家：「知道這是什麼嗎？」那時候還沒有英文課，兒童們你看我我看你，沒有人能回答問題。從幼稚園開始學英文的hide看到旁邊的人都答不出來，就罕見地舉起手大聲回答：「鱷魚！」聽到他的回答，周遭同學和老師都轟然驚叫：「喔！」然後教室裡響起了掌聲。hide害羞地搔著頭，但第一次得到來自周遭的讚嘆聲，讓他感覺十分愉悅，深深體會到「原來被大家稱讚是這麼開心的事」。但是，那之後，依然沒有什麼積極發言的機會，沒能顛覆老師的評價。

母親讓hide學那麼多才藝，是基於「讓他體驗各種東西，也許他能從裡面找到自己喜歡的東西」的父母心。讓他從小學英文，也是希望「他能以寬闊的視野去看世界」。因為母親這樣的心思，ｈｉｄｅ在小學四年級就參加了春假的一週遊艇巡迴、暑假的一個月少年寄宿家庭等英文研修之旅。春假時搭乘大型遊艇巡迴四國，體驗完外國人教師與船上教室後，ｈｉｄｅ又在當年暑假前往加拿大參加英屬哥倫比亞大學為期一個月的暑期班。這是回程時還會順道去洛杉磯、夏威夷的短期留學，然而，對ｈｉｄｅ來說卻是一趟艱辛之旅。

原本要與他同行的牙醫兒子的同班同學，在出發前生病了，他只好一個人從橫須賀去參加這趟旅行。對一個怕生、不敢和第一次見面的人說話的小學四年級少年來說，一個人參加長達一個月的旅行，是非常沉重的一件事。而且，為了讓他「在國外好洗頭」，他的頭髮被剪成很短的小平頭，也在他心中烙下陰影。參加旅行的孩子們，全都穿著藍色西裝夾克，神采飛揚地踏上美國大陸之旅，唯獨ｈｉｄｅ很憂鬱。參加難得的海外研修卻怎麼也興奮不起來的ｈｉｄｅ，不論在學校或寄宿家庭都不與任何人交談。來學英文，卻不跟當地的同學、寄宿家庭的人交談，英文根本不可能進步。ｈｉｄｅ幾乎是半豁出去了。

一個月後在羽田機場下飛機的ｈｉｄｅ，已經身心俱疲。來迎接他的裕士邊叫著：「哥哥！」邊跑過來抱住他的瞬間，脫口而出的不是「歡迎你回來」，而是「哥哥好臭」。原來，ｈｉｄｅ在旅行期間幾乎沒有洗澡。一個月沒有洗澡的理由是，北美一般家庭的浴室，沒有浴缸只能淋浴，還有他不想讓別人看到他的裸體。母親仔細教他洗衣服的方法後，替他塞滿大旅行箱的全新內衣，完全沒有使用過的痕跡，回來時還是一樣折疊得整整齊齊。全家出動去機場接ｈｉｄｅ的松本家，開車回家時不得不在盛夏中打開所有的車窗，因為ｈｉｄｅ身上有股無法形容的異臭。父母看到兒子那個樣子，也能想像他在留學地方的生活，所以沒怎麼問他關於旅行的感想。

但小學老師不了解狀況，請ｈｉｄｅ在班上同學面前發表留學成果。這個短期留學是為了學英文，然而，這一個月期間，他幾乎沒有跟任何人交談，當然沒有什麼留學成果。但是，ｈｉｄｅ的自尊心不允許自己說出實情，他拚命查字典，在同學面前落落大方地發表了「短期留學有多快樂」、「短期留學讓自己成長了多少」的演說。這次的演說獲得肯定，ｈｉｄｅ成了老師們不能小覷的存在，其他孩子也都對他投以羨慕的眼光。那之後，少年寄宿家庭在橫須賀市立田戶小學形成一股潮流，由此可見ｈｉｄｅ當時的演說是多麼出色。

雖然是不太快樂的短期留學，但是ｈｉｄｅ沒有忘記買禮物給平時很照顧他的Midori 美容院的美容師們。而且，不是送那種很多混在一起的點心，而是替每個人選擇不同的禮物。「想到一個小學四年級的男生，居然會認真思考每個人適合的東西來選擇禮物，真的很開心，也很驚訝他的這份心思。」收到禮物的人這麼說，都非常感動。

被嘲笑肥胖的自卑感

在學校被老師提醒「要更積極一點」的ｈｉｄｅ，回到家完全不是那個樣子。也就是典型的「在家一條龍在外一條蟲」。他的調皮、幾近殘暴的行為，主要都施加在小他三歲的弟弟裕士身上。

ｈｉｄｅ非常喜歡機器人、超跑等機械，也非常擅長組裝塑料模型。父母買給他和裕士同樣的塑料模型時，他會先把自己的塗上漂亮的顏色，擺在架子上觀賞。然後，搶走年紀小還不太會組裝的裕士的塑料模型，嗖嗖地甩來甩去，最後就甩壞了。他那種「你的是我的，我的也是我的」的胖虎個性，經常把裕士惹哭。

有一次，松本兄弟和堂兄弟三個人一起玩。ｈｉｄｅ突然說：「你們在這裡等一下。」說完就不見人影。兩個人乖乖聽話等他回來，沒多久他滿臉奸笑地回來了。他說：「喂，把手伸出來。」兩人依照指示把手伸出來，他就拿出從家裡帶來的軟管，在兩人的手掌上塗滿從裡面擠出來的透明液體。然後，叫兩個人握手，兩個人毫不猶豫地握手後，他從上面用力扣住兩人的手說：「就這樣握三十秒。」原來，ｈｉｄｅ在他們手上塗的是瞬間黏著劑。三十秒後，兩個人的手就黏在一起拔不開了。看到兩人大哭，hide大笑著跑走了。後來，母親大費周章替他們兩人剝除瞬間黏著劑，hide卻一副事不關己的樣子，在自己房間組塑料模型玩，幸災樂禍地看著他們三人在房間裡慌成一團。「哥哥，快向裕士道歉，以後不可以再做這種事喔。」被母親嚴厲訓誡，他一臉乖巧地說：「對不起，我不會再這麼做了。」卻背著母親對裕士吐舌頭。

在半夜裝鬼嚇裕士，也是常有的事。父母不在家的晚上，兩兄弟會在自家二樓把被墊鋪在一起睡。Midori美容院的美容師們，會給他們吃晚餐、陪他們玩、念書給他們聽、哄他們睡覺。到了半夜，裕士想上廁所，就會把hide叫醒。「哥哥，我想上廁所。」裕士搖晃睡在旁邊的哥哥，只得到不耐煩地回應：「幹嘛啦，上廁所一個人去嘛。」他還是死纏爛打地拜託：「我一個人會怕，陪我去嘛。」hide只好起床說：「真拿你沒辦法，走吧。」兄弟倆手牽手，從走廊走到廁所。「哥哥，你一定要在這裡等我喔，一定喔。」裕士說完走進了廁所。然後，出來時，hide果然不見了。走廊的燈關掉了，四周一片漆黑。「哥哥，你在哪裡？」裕士對著黑暗問也沒人回話，他只好摸索著慢慢走回房間。這時眼前會突然浮現幽靈的臉，然後黑暗中便會響起震耳欲聾的尖叫聲和宏亮的笑聲。那個幽靈的真面目，就是用手電筒由下往上照亮臉的hide。他為了嚇弟弟，偷偷準備了手電筒，埋伏在黑暗裡。看到裕士大哭，hide就笑著跑回寢室，自己先蓋上棉被睡覺了。長大後「愛惡作劇更愛嚇人」的ｈｉｄｅ的天分，是從那麼小的時候就萌芽了。

總是欺負弟弟玩的ｈｉｄｅ，在裕士被朋友欺負時，也會展現出愛護弟弟的熱血男兒的一面。裕士跟附近的小孩子吵架，哭著跑回家，ｈｉｄｅ嘴巴說：「怎麼？被打了啊？真沒用。」還是會讓裕士帶路去找把他打哭的朋友。然後，把那個欺負裕士的孩子從家裡叫出來，冷不防地把他打倒，替弟弟報仇雪恨。裕士會萬分感動地說：「哥哥好厲害。」但這也只是曇花一現，回到家後他還是每天都被ｈｉｄｅ以各種手法欺負到哭。

長大後，惡作劇的目標更加擴大了。有一次，小學的同學來ｈｉｄｅ家玩。當時電視正在播放電話購物節目，ｈｉｄｅ看到就對朋友說：「你看著。」慢慢地拿起電話，然後撥打電視畫面上的電話號碼，接線人員一接電話，他就猛然以很快的速度不斷大喊：「給我大便！是大便吧！給我大便！」看到這一幕，同學大吃一驚，規勸他說：「喂，這麼做不好吧？」他卻滿不在乎地說：「你也做做看。」把電話遞過去。當然，那個同學說：「我不要。」拒絕了，但真的被ｈｉｄｅ的大膽惡作劇行為嚇壞了。

小學升上高年級後，ｈｉｄｅ的行動範圍更擴大了。他會跟感情好的同學一起騎著腳踏車，在橫須賀的街道上四處奔馳，最常去的是住家附近的中央公園。這座公園的地形就像在住宅區裡面突然冒出來的一座小山，雖然就在附近，但爬起來還滿累的。不過，爬到頂端時，周遭什麼也沒有，景色十分優美。不但能一覽橫須賀市內全景，天氣好的時候還能眺望隔著東京灣的對岸的房總半島。ｈｉｄｅ非常喜歡這個地方，跟朋友在那裡設置了祕密基地，大家一起玩呼叫ＵＦＯ的儀式，大喊：「ventra ventra × 4 venvenventra！」

當時，ＵＦＯ的電視節目正大受歡迎。因此，ｈｉｄｅ讀遍了相關雜誌，把呼叫ＵＦＯ的咒語都背起來了。相信ＵＦＯ存在的他，跟朋友一起圍成圈圈，抬頭望著傍晚時的天空，不斷重複呼叫咒語。他相信只要大家齊心呼叫，ＵＦＯ一定會出現。遺憾的是，ＵＦＯ並沒有出現，當他們回過神來時，周遭已經一片漆黑了。

到了夏天，他也常去海邊玩。因為有好幾個可以游泳的地方，走路就能到了。東京灣唯一的無人島猿島也近在咫尺，ｈｉｄｅ非常喜歡這個綠樹叢生的小島。從棧橋搭船，約七、八分鐘就到猿島了。連這麼短暫的搭船時間都會暈船的ｈｉｄｅ，剛到達猿島時會一臉蒼白地說：「啊，好難過。」但是，一到祕密基地，精神就全來了。船靠岸的猿島，正面是海水浴場，背面是禁止進入的淺灘，ｈｉｄｅ都是跟朋友在這個平時沒人會來的祕密場所游玩。剛開始還不太會游泳的ｈｉｄｅ，後來迷上了戴著朋友借他的潛水鏡、腳蹼游泳的浮潛，總是在海裡游個不停，游到朋友說：「該回家啦。」因此，同學之間也不知道是誰先叫的，hide就有了「GAPPA」這個綽號。語源不清楚，但多半是來自擅長游泳的「KAPPA（河童）」。他寫賀年卡給同學時，也會自稱「GAPPA」，用這個綽號簽名。可見，hide自己也很喜歡這個綽號。

很會游泳的hide，卻不喜歡碰觸魚貝類。猿島的淺灘上，有很多魚貝類棲息。螃蟹也很多，有些大到出現在餐桌上都不稀奇。同學們都爭先恐後抓大螃蟹，只有hide無論如何都不敢徒手摸。但是為了不輸給他們，他還是戴上潛水鏡、魚叉試著捕抓螃蟹。在水裡，所有物體都會放大，看起來比地面上的東西大一．五倍。所以，當hide大叫：「我抓到啦！」得意洋洋地現給大家看時，魚叉前端只叉著一隻因為他叉魚技術不好而被叉得稀巴爛的小螃蟹。看到這個光景的朋友們大爆笑說：「螃蟹太小了！」「都稀巴爛啦！」hide也跟著大笑。不可思議的是，從一整天游泳、開心大笑的猿島搭船回家時，hide完全不會暈船。

身體變得強健，又正值好玩時期的hide，是個經常受傷的孩子。裕士也經常受傷，所以，母親不得不常常帶著兩個兒子往醫院跑。小學五年級時，他一年內就骨折了兩次。第一次是在蓋在空地樹上的小屋玩，因為底部脫落而摔落地面，造成手臂骨折。好一陣子，手臂被三角巾吊著，只能過著行動不自由的生活。第二次是穿著溜冰鞋在附近馬路上溜時，跌進銜接道路的水溝裡，造成腳骨折。這次是用石膏把腳固定住，坐輪椅去小學上課。開心的是，附近的朋友會輪流來家裡接他，推著輪椅送他去學校。坐輪椅一段時間後，換成拄拐杖上學，朋友也會來家裡接他，協助他一起上學。

跟ｈｉｄｅ一起玩過的同學，都異口同聲地說他完全不會給人「內向」的印象。在學校剛認識時，覺得他看起來很安靜，但玩在一起以後，就變成了「好奇心旺盛、喜歡惡作劇、有點吊兒郎當但投入時會勇往直前」的印象。

過著快樂小學生活的ｈｉｄｅ，就是在這時候察覺自己和其他朋友有些微的差異。某天，吃完學校供應的午餐，在教室休息時，傳來「松本秀人同學馬上來操場」的校內廣播，把他叫出去。會在校內廣播聽到個人的名字，通常不是受到表揚就是被稱讚，大多是好消息。儘管班上同學都調侃他說：「松本，你做了什麼壞事呀？」他自己卻有即將發生什麼好事的預感，就得意洋洋地衝到操場。結果，看到好幾個孩子都一起被叫來，他們都很胖。體育老師站在他們中間，對他們下達指示：「你們幾個聽好，肥胖對身體不好，你們現在開始在操場長跑。」被叫來的肥胖孩子們都不滿地抱怨：「咦，為什麼？」「沒聽說這件事啊。」但是，對小學生來說，老師的命令是絕對的，所以他們賭氣歸賭氣，還是心不甘情不願地跑了起來。ｈｉｄｅ不想跑，但無法違抗現場的氛圍，也跟其他孩子一起在操場跑了起來。

當ｈｉｄｅ從教室走向操場時，原本以羨慕的眼神看著他的同班同學，都擠在一起，指著被迫跑步的孩子們大笑說：「加油！」這時hide才察覺，高年級生、低年級生都聚集在窗口，他不認識的孩子們也都跟他一樣成為笑柄。這件事對hide來說，是無比的屈辱。

「胖子，加油，快跑！」從某個窗口傳來這樣的奚落聲。「原來，我是個胖子啊。」這個事實清楚地擺在眼前，讓hide難過到心如刀割。「胖子」這兩個字，帶著回音在大腦裡骨碌骨碌地轉了好幾圈。hide拚命忍住快要掉下來的不甘心淚水，咬緊牙關，一心只期盼著這段地獄般的時間趕快結束。

肥胖並不是現在才開始的。從幼稚園起，他就一直被形容成「白白胖胖的小孩」。因為胖，所以體育很差，既跳不過跳箱，賽跑也都是墊底。練過再多次，也沒辦法吊單槓。對了，美術老師記不得hide的名字，總是叫他：「喂，那個胖小子。」他知道其他班級的孩子也稱他為「那個胖男生」。但是，他原本並不在意，覺得這些都是小事。他認為家人、祖母跟她周遭的美容師們、跟自己要好的朋友們，都不會因為他胖就對他另眼相待。這些人不論他是胖、是瘦，應該都會跟自己維持良好的關係。然而，那都是自己的幻想嗎？他不禁懷疑大家是不是在內心暗自嘲笑自己是「胖子」？

從那件事以來，hide開始對自己的體型產生很大的自卑感。雖然過著跟以前一樣的生活，但常常會疑心生暗鬼，心想：「這傢伙是不是覺得我是個胖子，瞧不起我？」

走在路上時、去朋友家玩時，看到鏡子都會反射性地照鏡子看自己的模樣。然後，每次都會想：「啊，我怎麼這麼醜。」、「我為什麼跟其他人不一樣呢？」因此黯然神傷。自尊心強烈的他，在行動上不會讓任何人發現他的自卑，但內心已經不再像以前那樣天真爛漫了。

相較於其他孩子，ｈｉｄｅ原本就有比較扭曲的部分。ｈｉｄｅ的血型是感受性強，一般認為具有雙重人格的ＡＢ型。長大後他曾說：「我從小學時就覺得，我體內有個掌控我的傢伙，不單純只是所謂的表、裡。」不論是在與朋友之間的關係上、或是自己在學校班級裡的地位上，他都曾經像個ＡＢ型精打細算，採取具有雙面人格的行動。

那是製作得非常精細，名為微星小超人的小型公仔，在小學中爆炸性流行的時候。在ｈｉｄｅ班上的男生之間，瀰漫著擁有哪個微星小超人，就能在朋友間擁有多少權勢的氛圍。ｈｉｄｅ也很想要最新的微星小超人，纏著母親要，但母親以「太貴」為由而沒有買給他。接下來，他就是去求 Midori 美容院的祖母。敗給孫子「無論如何都想要」的真摯眼神的祖母，把昂貴的微星小超人送給ｈｉｄｅ。之後，ｈｉｄｅ縝密地思考給朋友看微星小超人的步驟。通常，得到大家都想要的微星小超人，都會帶到教室向朋友炫耀，洋洋得意。但是，ｈｉｄｅ沒有帶去學校，而是放進家裡書桌最上面的抽屜，再請朋友來家裡玩。然後若無其事地打開抽屜，讓朋友看到微星小超人。朋友興奮地問：「咦，這不是最新的微星小超人嗎？松本，怎麼會在這裡？」ｈｉｄｅ就冷靜地、輕快地回說：「不久前，我不知道是最新的就買了。」朋友要求：「借我看、借我看！」、「可以摸嗎？」他也酷酷地回說：「可以啊。」隔天，教室裡最夯的話題就是ｈｉｄｅ買到的最新微星小超人。ｈｉｄｅ會想出這麼麻煩的方法，來展示自己得意的微星小超人，是因為「不想被當成有錢人」。那是他仔細思考過自己怎麼做、朋友會怎麼想，經過審慎評估後才採取的行動。

有一次，放學後他跟同學去公園玩捉迷藏。輪到他當鬼時，他不像其他小孩那樣在後面追，而是一開始就擬定戰略，繞到公園另一頭，一次捉住所有人。「搞什麼啊，這樣一點都不好玩。」被捉到的朋友都抱怨連連，但是，他看到在大腦裡瞬間擬定的戰略成功，不禁在心裡竊笑。那不過是小學生無關緊要的遊戲，ｈｉｄｅ卻在那時候悄悄嘗到「自己和其他朋友不一樣！」的優越感。在樂得連蹦帶跳的回家途中，少年讓離譜的妄想擴大到「說不定我是可以征服世界的人」，在那短暫的一刻，忘了肥胖的自卑感，自我滿足。

在ｈｉｄｅ和裕士還小的時候，每逢假日就會開車來個小旅行的松本家，在孩子長大後，感情還是一樣好。因為兩個孩子忙著學才藝、交朋友，所以開車出去的次數減少了，但是假日時全家還是經常聚在一起玩遊戲。ｈｉｄｅ最喜歡的是黑白棋和碰將（把麻將簡化的桌上遊戲）。ｈｉｄｅ也很想玩真正的麻將，問題是即便四個人開始玩，裕士也會很快就說「好睏」，所以家庭麻將很遺憾沒有成為特定遊戲。自從喜歡唱歌的父親買了全套的卡拉ＯＫ設備後，也常全家聚在一起舉辦卡拉ＯＫ大賽。喜歡石原裕次郎的父親唱《Brandy Glass》，母親和孩子們唱當時的暢銷歌曲，一家唱得興高采烈。

松本家連全套卡拉ＯＫ設備都買了，當然也很喜歡看電視的歌唱節目。當時適逢一九七〇年代的歌謠全盛時期。「紅白歌前十名排行榜」等受歡迎的歌唱節目眾星雲集，有很多偶像歌手或人氣歌手參加演出。在同學之間最受歡迎的是粉紅淑女和糖果合唱團。但是，ｈｉｄｅ喜歡的卻是Finger 5、西城秀樹、澤田研二等有歌唱實力的實力派男性歌手，而不是女性偶像。當時的暢銷歌曲幾乎都會標注日文假名，所以，ｈｉｄｅ會學起來，跟裕士一起在電視機前唱歌跳舞。ｈｉｄｅ尤其喜歡由沖繩五兄弟組成的Finger 5。這個團體是模仿以麥克．傑克森為主唱的The Jackson 5進行表演。因為是樂團，所以相較於其他歌唱團體，帶有些微不同的西洋音樂形象。還在專輯裡收錄了The Monkees的翻唱歌，是一個具有刺激小學生ｈｉｄｅ感性的魅力的團體。

生活中充滿自然與音樂的ｈｉｄｅ，第一次注意到「樂曲」而產生興趣的歌曲，是一九七六年的大暢銷曲《Beautiful Sunday》。那時候hide剛上小學六年級。英國歌手Daniel Boone唱的這首歌，是晨間資訊節目「早安七二〇」的人氣單元「Caravan II」的主題曲，當時無論走到哪裡，大街小巷都在播放這首歌，是大暢銷曲。hide也非常喜歡這首可以輕快彈奏的流行歌曲，有生以來第一次想：「我要買這首歌的唱片！」松本家全家人也都喜歡這首歌，所以，就決定由hide代表全家去買這首歌的唱片。hide拿著母親給的唱片錢，第一次踏進橫須賀中央車站前的唱片行。店裡陳列著許多大唱片（LP盤）和小唱片（EP盤）。他搞不清楚要買哪一張，乾脆直接到櫃台說：「請給我《Beautiful Sunday》的唱片。」店員以純熟的動作把一張EP盤放進袋子裡交給他。第一次買了自己喜歡的唱片的hide很開心，馬上跑回家，興奮地把唱針放到那張唱片上。結果，從喇叭傳來的竟然是日文歌。旋律明明是平時聽的《Beautiful Sunday》，歌聲、歌詞卻都不一樣。「媽，我買的《Beautiful Sunday》好像很奇怪！」驚慌失措的hide，向站在廚房的母親發出一連串質疑。那時候，hide買的是「早安七二〇」的主持人田中星兒唱的日文翻唱版，但是，第一次買唱片的hide，根本不知道一首歌會有各種版本。經過家庭會議後，決定再買一張Daniel Boone的《Beautiful Sunday》，這件事才落幕。雖然繞了一大圈，但能買到最喜歡歌的唱片，hide非常滿足。之後，成為《Beautiful Sunday》大歌迷的松本家，又買了日本搖滾樂團Tranzam

演奏的另一種版本的唱片。家裡有三張《Beautiful Sunday》的唱片，但是，最常放到唱盤上的還是 Daniel Boone 的EP盤。

那麼，hide是否因為這樣，踏入了音樂世界呢？答案是還沒有。對hide來說，《Beautiful Sunday》不過是電視播放的暢銷歌曲之一，Daniel Boone 也不是什麼西洋歌曲的歌手，而是「唱暢銷歌曲的歌手之一」。

到了小學六年級，班上也開始出現喜歡西洋歌曲的同學了。hide的班上也有個同學，非常喜歡美國搖滾樂團史密斯飛船。然而，同學直呼那個遙遠國家的搖滾樂團的名字、把他們說得像朋友般的言行，讓hide有種說不出來的奇怪感覺。他原本就受不了那種把卡通人物說得像實際人物般的瘋狂卡通迷，在他內心，美國搖滾明星的存在就跟卡通世界的虛構人物一樣遙遠。那個同學完全沒有察覺hide興趣缺缺，還對他說：「很粗獷很帥氣吧？」把史密斯飛船的照片拿給他看。hide心想：「好像動物園。」冷冷地回說：「嗯，我看不太懂。」把照片還給了同學。

當時，hide有其他有興趣的目標，那就是班上的女生。他無論如何都無法不在意她。然而，第一次有這種不可思議的臉紅心跳的感覺，他自己也不知道該怎麼處理。只有把修學旅行的照片給要好的同學看，說出了「我很在乎這個女生」的內心話。那是個安靜可愛的女孩。同學興致勃勃地回他說：「哦，這樣啊！」但之後也沒有任何進展。

ｈｉｄｅ很想跟她成為好朋友，但是想到自己的體型，就沒辦法採取積極的行動。ｈｉｄｅ淡淡初戀般的感情，沒有開花結果，最後隨著時間悄然消失了。

一九七七年三月，ｈｉｄｅ從橫須賀市立田戶小學畢業了。在畢業文集上，他寫下了「我想成為名醫，治好被醫生放棄的患者」的夢想。父親的家族裡有很多醫生，祖母曾對他的父母說：「讓兩個孫子中的其中一人當醫生。」所以，父母從小就對他說：「將來要成為醫生。」懵懵懂懂地聽進這句話的ｈｉｄｅ，被問到：「將來的夢想是什麼？」直到國中畢業都是反射性地回答：「我想成為醫生。」在這個少年時代，他還沒有具體的夢想和目標，也沒認真思考過自己的將來。

從「GAPPA」變成「米濱的GIBSON」

四月，ｈｉｄｅ進入橫須賀市立常葉中學。這所國中不必考試就能進去，也有很多從小學就在一起的朋友。他沒有參加社團，但是校園可以自由使用，所以他會跟朋友一起踢好幾小時的足球。他雖胖，但並不討厭運動。小學時，也常在校園打棒球，上國中後，生活也跟以前沒有多大改變。

在讀書方面，依然拿到不錯的成績。平時都忙著學從小學開始的才藝、還有跟朋友玩，在家除了寫作業外也不太讀書，但考試前會集中用功，最後考試結果大多會進入班上前幾名。國中一、二年級都沒有參加社團的ｈｉｄｅ，上了國三突然想到：「國中時期什麼都不做有點空虛。」就和朋友一起加入網球社。表面上說是「為了充實國中生活」，實際上是因為有很多女社員。橫須賀市立常葉中學是有名的升學學校，周遭同學都差不多開始準備考高中了，但ｈｉｄｅ不打算考高中，所以很輕鬆。雖然網球的規則他幾乎都不懂，但有樣學樣也還混得過去。問題是都已經三年級了，卻還得參加新人戰，這件事令他厭煩，就漸漸淡出了。製造回憶的網球社生活，短短幾個月就結束了。

上國中後，ｈｉｄｅ的行動範圍一舉擴大了。放學回家時會經過橫須賀中央車站，所以多的是可以順道溜去玩的地方。校規禁止放學途中溜去玩，但是，車站周遭有很多遊戲場所、速食店，他總是禁不起誘惑。在遊戲中，ｈｉｄｅ最喜歡的是彈珠台。分數只能累積，並不能換什麼獎品，但是，因為他太會玩，所以投一次錢，就能玩很久。

喜歡玩機械的ｈｉｄｅ，自己改造父母買給他的腳踏車，改成了高車把（Chopper Handle）和香蕉椅（Banana Sheet）。因為這種樣式的腳踏車很危險，所以當時是被禁止的。但ｈｉｄｅ不想和別人騎同樣的腳踏車，所以辛辛苦苦改造成自己的風格。某天，他像平時一樣跟朋友騎著腳踏車到處逛。正好有輛警車在巡邏，看到ｈｉｄｅ的改造腳踏車，就大叫：「那輛腳踏車停下來！」並鳴起警笛追腳踏車。ｈｉｄｅ非但不停下來，還加快速度逃逸，拚死拚活地踩著腳踏車，以飛快的速度從驚訝的朋友面前揚長而去。巡邏的警車緊追不捨，但是，熟悉橫須賀地理的ｈｉｄｅ，成功逃甩掉了巡邏警車的追逐。「嘿嘿，怎麼樣！」就在他滿臉得意地停下腳踏車的下一個瞬間，警車卻從另一頭的角落出現了。警察早猜到ｈｉｄｅ會去哪，先繞到那裡等他了。這場比賽是ｈｉｄｅ慘敗。被警車帶走的ｈｉｄｅ，露出咬到苦蟲般的懊惱表情。警察問：「你叫什麼名字？什麼學校？」他就報上「伊集院 hidemaro」這種怎麼想都不可能的假名。問了好幾次後ｈｉｄｅ都不肯說名字，警察忍無可忍，不得不把他母親找來。母親向警察一個勁兒道歉，總算平息了這件事。事後，ｈｉｄｅ被母親狠狠訓了一頓。

上國中後，他在班上多了幾個聽音樂的朋友。而且，不像小學時那樣只聽上電視暢銷排行榜節目的歌手的歌，也會聽不太上電視的新音樂、搖滾樂團、西洋音樂等，類型更加廣泛了。ｈｉｄｅ也會聽當時正流行的 Bay city rollers，但不是非常著迷。

國一快結束時，有一次他去一個哥哥在玩樂團的同學家玩。他跟那個同學並不熟，但那個同學和身旁的朋友們，在國中同學當中感覺像是稍微比較前衛的集團，所以他也很想加入他們那群人。但是，他們聊的話題都是關於西洋音樂的搖滾樂團，ｈｉｄｅ幾乎無法理解。樂團和樂團成員的名字、歌曲的名字全都是英文，根本聽不懂他們在說什麼，完全搭不上話。hide坐在房間角落靜靜聽他們說話時，這個家的主人開始大大讚賞一張專輯：「實在帥呆了，你們非聽不可。」坐在hide旁邊的孩子，拜託熱情介紹的主人幫自己錄到錄音帶裡。主人欣然答應：「好啊。」於是，hide也拜託主人幫自己拷貝一份。主人卻看著他說：「咦，松本，你真的會聽嗎？會聽的話，我就幫你拷貝。」一副瞧不起他的樣子。那個語氣把hide惹惱了，但他還是想要錄音帶，就對他說：「我一定會聽。」拜託他錄。就這樣，hide拿到了錄音帶，但是，很氣對方瞧不起人的口吻，所以回家後就丟在自己房間裡，好一段時間忘了那卷錄音帶的存在。

過了幾天，他才撿起扔在房間裡的錄音帶，放進卡匣式錄音機裡。雖然很氣朋友的態度，但畢竟是那麼忍氣吞聲拿到的帶子，不聽的話豈不虧大了。他這麼想，把錄音帶放進卡匣裡，按下了開關。突然從喇叭冒出來的，是扭曲變形的吉他Riff（快速反覆節拍）、鼓的連打。光聽到前奏，他就感受到被雷擊中般的震撼，心想：「這是什麼音樂？」這個一把揪住hide的心的團體，是美國搖滾樂團，名叫吻合唱團。一九七三年在美國紐約成立的他們，在自己國家就不用說了，在日本也大受歡迎，已經在日本武道館、大阪厚生年金會館舉辦過公演。他們的特徵是把臉塗抹成白色的妝容、怪獸般的粗獷服裝、吐火和吐血的誇張表演。hide在海報上看過吻合唱團的名字和他們的外貌，只覺得「好噁心」，完全沒有興趣。但是，聽完音樂後不一樣了。吻合唱團是以硬式搖滾（Hard rock）為基調的搖滾樂團，主旋律的大眾化有一定的評價。激烈的演奏加上大眾化的旋律，這世上居然有這麼好聽的音樂！音樂無形的美好撼動了ｈｉｄｅ的心，他為這次的邂逅感動不已。

這時候ｈｉｄｅ聽的專輯，是吻合唱團的兩張組Ｌｉｖｅ專輯，名字是《吻合唱團ＡＬＩＶＥ Ⅱ》。可說是最佳專輯，選曲網羅了他們的代表曲和暢銷曲，是很適合把樂團的魅力傳達給ｈｉｄｅ這種初學者的作品。共收錄二十首歌曲的這張專輯，ｈｉｄｅ最喜歡的是位於中間的《Hard Luck Woman》這首中速的 Ballad（敘事歌）。這首歌至今仍是名曲，深受許多人喜愛。這張專輯收錄許多硬式、大眾化的名曲，ｈｉｄｅ最喜歡的卻是沉靜的敘事歌，由此可以看出他強烈的旋律志向。

「我以前居然都不知道吻合唱團，過的是多麼愚蠢的生活啊。」這麼想的ｈｉｄｅ，從那天起，搖身變成狂熱的粉絲。他收集過期的音樂雜誌《Music Life》，讀遍吻合唱團的報導。只要有提到吻合唱團，再小的報導他也不放過。為了知道更多吻合唱團的事，他終於加入了歌迷俱樂部。有生以來第一次申請歌迷俱樂部的ｈｉｄｅ，開心得不得了。從付了入會金、會費的隔天，就開始站在家裡的信箱前等會報寄來。但是，左等又等都等不到會報。實在等不及的ｈｉｄｅ，請母親打電話去歌迷俱樂部。打完電話才知道，入會一、二個月後收到會報是這個社會的定規。大人經過思考，可以理解從辦完入會手續到寄出會報需要時間，但一心期盼收到會報的國中生，還不知道那樣的流程。

兩個月後終於送達的吻合唱團歌迷俱樂部會報，成了ｈｉｄｅ的寶物。會員證、會報就不用說了，連信封都壓到沒有一絲皺褶再放進塑膠袋裡小心保管。他曾公開說透過會報認識的當時的歌迷俱樂部會長是他尊敬的人，歌迷俱樂部解散時他也哭得涕淚縱橫。

ｈｉｄｅ迷上吻合唱團沒多久後，就傳出他們將二度來日公演的消息。ｈｉｄｅ透過歌迷俱樂部拿到在日本武道館舉辦的演唱會門票，他屈指等待著他們的Ｌｉｖｅ那天。因為剛好放春假，所以母親才勉強答應讓他去看吻合唱團的演唱會。他心想喜歡音樂的母親一定也會喜歡，就把《Hard Luck Woman》拿給母親聽，果不其然，母親說：「這首歌不錯呢。」這個結果也幫了大忙。但是，就在演唱會快開始前，母親在 Midori 美容院看女性週刊雜誌時，偶然看到吻合唱團的貝斯手 Gene Simmons 的女性緋聞報導。看到那則報導的母親非常生氣，說：「我絕對不讓你去看這種樂團的演唱會！」拿走了ｈｉｄｅ的寶貝門票。ｈｉｄｅ哭著求母親把門票還給他、求母親讓他去看演唱會，但母親堅決不答應。還是國中生的ｈｉｄｅ，沒辦法不顧母親的反對，自己跑去東京的日本武道館看演唱會，只好放棄。演唱會那段時間，ｈｉｄｅ窩在自己的房間裡，躺在床上一直哭，好想趕快長大，可以自由去看自己喜歡的樂團。ｈｉｄｅ邊哭，邊在內心許下了這樣的願望。

雖然沒去成吻合唱團的演唱會，但ｈｉｄｅ的搖滾熱無止境地高漲，一天比一天熱衷。收集完所有吻合唱團的唱片後，把齊柏林飛船、Iron maiden、ＡＣ／ＤＣ、皇后合唱團等受歡迎的樂團也一一聽完。光西洋音樂無法滿足，也把手伸向了BOWWOW、５Ｘ、Ｃｈａｒ等日本歌手的專輯，連業餘樂團的試聽帶都聽了。當時，一張專輯的價格大約三千日圓，不是一個國中生可以一次購買好幾張的金額。他和朋友之間會借來借去，也會拷貝，但大多是死纏活纏求祖母提供經費。有想買的專輯，放學後就去Midori美容院，向祖母討零用錢，再跑去車站前的唱片行。買到專輯後再拿去Midori美容院給祖母看，成了他的日課。他會邊給祖母看剛買的專輯，邊眼睛閃閃發亮地介紹樂團，祖母總是慈祥地看著這樣的他。

生性鍥而不捨的ｈｉｄｅ，一買到專輯，就會仔細聽完全部曲子，記住曲子的名稱、成員的名字。又因為把過期的雜誌全都買齊了，所以對樂團的歷史也非常清楚，朋友問他任何問題他幾乎都能回答。開始對音樂產生興趣的同學都說：「搖滾的事去問松本。」ｈｉｄｅ在班上成為小小的搖滾博士。

一步一步踏入搖滾世界的ｈｉｄｅ，漸漸無法滿足於只聽音樂、看雜誌，他希望可以離憧憬的音樂人更近一點。第一步就是髮型。校規禁止把後面的頭髮留長，所以ｈｉｄｅ試著把前面的頭髮留長。因為認真聽音樂而喜歡上史密斯飛船裡的吉他手 Joe Perry（吉他手），就是瀏海蓋住眼睛的髮型，他覺得那樣很帥。但是，他自以為「應該會像 Joe Perry 那麼帥」的髮型，靜下心來看，其實很像用中分的劉海蓋住雙眼的「鬼太郎」。他看著鏡子裡的自己，發現只看到鬼太郎而不是 Joe Perry，覺得很失望，就不想把前髮留長了。

上國三後，ｈｉｄｅ對音樂的興趣，不再只限於硬式搖滾，還擴及到龐克。被稱為倫敦龐克（London punk）的衝擊合唱團、The Damned、性手槍樂團、The Stranglers 等，都是他喜歡的樂團。硬式搖滾的魅力在於高度技巧與架構出來的樂曲，相對於此，龐克搖滾卻是不拘小節、氣勢與情感的爆發。雖然音樂性相反，但ｈｉｄｅ覺得兩邊都充滿了魅力，都有共鳴。而且，還迷上了照片刊登在雜誌上的 Japan，這個樂團是被歸類為所謂新浪漫主義的新類型。張開天線全面搜索音樂資訊的ｈｉｄｅ，在他們來日本發行出道專輯前就注意到他們了。當時，以華麗搖滾樂團（Galm Rock Band）為首的化妝搖滾樂團並不少，但是，頂著一頭紅髮、濃妝豔抹的 Japan 的出現，帶給他極大的震撼。他首先注意到的是他們的視覺，心想哪天一定要留 Mick karn（Japan 的貝斯手）那樣的紅髮。

除了西洋音樂外，也開始聽日本搖滾龐克的ｈｉｄｅ，知道當時大受歡迎的BOWWOW要在橫須賀市文化會館舉辦演唱會。橫須賀走路就能到，沒有母親的允許也能去。在演唱會開始的稍早前，ｈｉｄｅ就蹺課來到會場。很多衣著誇張的大姊姊們聚集在休息室入口處，穿著國中制服的ｈｉｄｅ怎麼看都像來錯了地方。其中一個大姊姊看到在後台入口處走來走去的他，就叫住他：「喂，你！」對他說：「可不可以去休息室，幫我把這個交給恭司哥（山本恭司／BOWWOW的主唱兼吉他手）？」遞給了他一封信。「好、好」ｈｉｄｅ接過那封信往後台走去。他是國中小男生，所以沒被警衛攔住，順利進入後台。但是，在後台的走廊晃來晃去也沒遇到團員，就把信交給看似工作人員的人，再回到後台入口處。他對大姊姊說：「我把信交給他了。」大姊姊很高興，給了他零食。

演唱會很精彩，ｈｉｄｅ完全迷上了BOWWOW。那之後，他去看了好幾次Ｌｉｖｅ，好幾年後還說：「國中時我是BOWWOW的追星族。」他後來會使用長期愛用的Mockingbird吉他，就是因為BOWWOW的吉他手齋藤光浩也是愛用者。

ｈｉｄｅ的搖滾熱不斷高漲，終於想自己試著彈彈吉他了。起初，他喜歡的是整個搖滾、整個樂團，但聽得越深入就越來越注意到吉他，想到自己彈吉他的模樣就難掩激動。他覺得在一旁默默彈吉他的吉他手，比站在舞台中央最醒目的主唱還要帥氣。理由之一是，看過雜誌報導的西洋音樂的音樂人訊息後，他對主唱的任性形象沒有好感。

當時，有個朋友把舊的民謠吉他讓給他，但是，他不喜歡巨大的本體外型，彈沒多久就扔在一邊了。按不到F覺得很討厭，也是原因之一。他還是比較想要電吉他。當時，他正好加入了網球社，所以經常把球拍當成吉他，擺出彈吉他的姿勢。在自己的房間，以最大音量播放最喜歡的吻合唱團的歌曲，彈奏網球拍吉他的ｈｉｄｅ，心情就像自己是Paul Stanley（吻合唱團的吉他手）。有一次，他完全把自己當成Ｐａｕｌ彈奏網球拍時，母親沒敲門就嘎喳打開了房間門，對他說了一句：「秀人，吃飯了。」在門敞開的那一瞬間，他馬上把彈吉他的姿勢改成揮網球拍的動作，若無其事地回說：「知道了。」這一幕簡直就像搞笑劇，成為松本家晚餐時不斷重複的話題。

球拍吉他當然不能滿足ｈｉｄｅ，他開始設法取得真正的吉他。首先採取正攻法，去求父母。但是，擔心ｈｉｄｅ會深陷搖滾世界的父母說：「我們買不起那麼貴的東西。」冷冷地駁回了ｈｉｄｅ的要求。接下來，就是去求Midori美容院的祖母。這次的金額跟平時買的塑料模型和唱片相差懸殊，ｈｉｄｅ戰戰兢兢地試著提出要求：「我想要吉他。」沒想到祖母很乾脆地說：「好啊，把你想要的吉他名字寫來給我。」然而，大叫「太棒了」的喜悅十分短暫，他馬上面臨下一個問題。他想要吉他，但沒具體思考過吉他的種類。因為看過很多樂團的照片和錄影帶，大約知道吉他的種類，但從來沒有注意過特徵、價格，所以完全不了解。於是，他抱著「不成也無所謂」的心情，決定向祖母要最有名的吉他。說到最頂級的吉他，無非就是Fender樂器公司的Stratocaster，以及Gibson吉他公司的Les paul。幫hide錄吻合唱團專輯的朋友的哥哥，有一把Fender樂器公司的吉他，型號是Mustang，所以他交給祖母的單子上寫著「第一希望・Gibson的Les paul Deluxe　第二希望・Gibson的Les paul　第三希望・Les paul」。因為hide很喜歡的吻合唱團的Ace Frehley、以及他想模仿髮型的Joe Perry，都是Gibson吉他公司的Les paul的愛用者。以價格及希望價格來看，要拿到Gibson吉他公司的Les paul的可能性非常低，所以hide的心願是，不管哪家製造商都行，只要能拿到Les paul，就非常滿足了。

幾週後，祖母通知他說：「好像有你想要的吉他了。」hide沒想到這麼快就有消息，大吃一驚。祖母在橫須賀經營美容院很久了，是非常擅長社交的人，交際範圍也十分廣泛。而且認識許多可出入一般人不能進去的基地的朋友，她特地把hide寫的單子發給那些人，請他們協尋孫子想要的吉他。其中一個人通知她，海軍基地有一把單子上的吉他要賣。hide聽到祖母說：「好像明天會送到，你來拿吧。」隔天一放學就興高采烈地衝到了Midori美容院。被送到那裡的吉他，是原色Les paul Deluxe。在h ｉｄｅ交出去的單子裡，那是第一希望的最昂貴的吉他。而且，可能是很新的二手貨，看起來跟新的一樣漂亮。

「謝謝祖母！」拿到渴望的吉他，ｈｉｄｅ欣喜若狂。帶回家後，馬上從盒子裡取出來，試彈吉他弦。在ｈｉｄｅ的想像中，應該會響起「琤！」的帥氣聲，沒想到閃閃發亮的 Les paul Deluxe 竟然只發出「嗶嘍嘍～」的窩囊聲。他想到，對了，電吉他跟民謠吉他不一樣，要有擴大器聲音才會出來。他馬上買了最便宜、最小的擴大器。再彈一次 Les paul Deluxe，就發出了「琤！」的聲音。喔，這樣我也能成為搖滾明星啦！ｈｉｄｅ夢想自己像吻合唱團或齊柏林飛船那樣，站在舞台上彈奏祖母送給他的這把 Les paul Deluxe 的情景，雀躍不已。

然而，現實並不是那麼樂觀。吉他的彈奏方式，他只會同學教他的簡單和弦「DoReMiFaSoRaSiDo」。彈民謠吉他時，按不到F覺得很挫折，這次應該沒問題了。總之，ｈｉｄｅ去買了收錄很多暢銷曲的《明星》的歌本，決定開始練習吉他。歌本裡有暢銷曲的歌詞，以及吉他的和弦。也有些歌，附有歌曲旋律的樂譜和ＴＡＢ譜（吉他琴頸的按法圖）。書裡沒有吻合唱團的《Hard Luck Woman》、齊柏林飛船的《Rock and Roll》，但他不得不犧牲這兩首。他誤以為只要照書彈，以開放和弦拚命「錚錚鏦鏦」地不斷彈奏，有一天一定可以跟吻合唱團或齊柏林飛船彈得一樣好，成為邊彈 Gibson．

Les paul 邊唱流行歌曲的男人。

國中就擁有 Gibson 的 Les paul Deluxe 這個消息，很快傳遍了橫須賀的大街小巷。Gibson・Les paul 的威力就是如此強大。同學、朋友、朋友的朋友、連最後搞不清是誰的朋友的人，都為了看 Les paul 接二連三來到hide家。其中，有人甚至是特地從隔壁城市來看。hide從學校放學回到家，就會有人叮咚按門鈴。客人出現在玄關說：「請給我看 Gibson。」hide就會從家裡面把吉他小心地抱出來給客人看。看到的人都會發出「好厲害！」的讚嘆聲，讓hide覺得很開心。有人會說：「可以彈彈看嗎？」這時hide會說：「請彈、請彈。」熱情地把吉他遞出去。反倒是有人說：「你彈彈什麼吧？」他就會顯得很為難。總不能用 Gibson 的 Les paul，琤瑽琤瑽地彈歌本上的流行歌曲吧。hide會曖昧地笑著說：「改天吧。」矇混過去。

錄吻合唱團的唱片給hide的同學，也跟哥哥一起來看吉他。「欸～這是真的嗎？」同學用類似這種輕浮的口吻詢問，不服輸的hide挺起胸膛說：「是真的啊，因為我是拜託當貝斯手的人買的。」對方回應：「哦～」就離開了。hide看著他們的背影，在心裡暗叫一聲：「贏了！」擺出勝利的姿勢。那天被問：「咦，松本，你真的會聽嗎？」讓他心裡一直有個疙瘩，託 Gibson・Les paul 的福，心裡那個疙瘩消除了，心情整個好起來了。不久後，大家開始稱呼hide為「米濱（地名）的 Gibson」。喔稱從「Gappa」變成「米濱的 Gibson」，ｈｉｄｅ也穩穩地踏上了通往搖滾世界的階梯。

起初，光拿到 Gibson 的 Les paul，就感覺自己像超級巨星，跩得不得了的ｈｉｄｅ，過一段時間後，心想總不能一直琤瑽琤瑽地彈流行歌曲，焦慮油然而生。但是，不知道該用什麼方法來練習。他不想去吉他教室，也想不起有哪個朋友可以教自己吉他。熟知音樂的同學告訴他，有本名叫《Young Guitar》的搖滾雜誌，裡面有吉他的彈法，他馬上買來看。裡面的確有詳細的解說。而且，題材不是流行歌曲，全都是搖滾。ｈｉｄｅ馬上買齊所有過期雜誌，看著書自學吉他彈法。他也聽過「耳朵 copy」這句話，就是用耳朵聽，然後重現出聲音的意思。他把唱片播放幾十次，好不容易才能 copy 前奏的一小節，進展有如牛步，然而，吉他的技法確實一點一點地進步了。

稍微能彈一點樂句後，總覺得從擴大器傳出來的吉他音色哪裡不對。當時的ｈｉｄe還不知道效果器的存在，就是奇怪為什麼從自己的擴大器傳出來的聲音，和從唱片聽到的吉他聲音完全不一樣。「怎麼樣才能彈出跟唱片一樣的帥氣吉他聲呢？」這麼思索的ｈｉｄｅ，試著把吉他的控制鈕、排列在擴大器前的鈕轉來轉去，還是彈不出期待中的扭曲聲音。最後，他忍不住把昂貴的 Les paul 解體了，想查查看裡面到底長什麼樣子。問題是他根本不懂吉他構造，所以把裡面撬開也不能做什麼。那時候，進入哥哥房間的裕士，正好看到把 Les paul 解體後正在焊接的哥哥的模樣。「哥哥！你、你在做什麼？」

看到怎麼看都像在破壞吉他的哥哥，弟弟大驚失色，ｈｉｄｅ瞪他一眼，說：「不要隨便進我房間，快出去！」把弟弟趕出去。

電吉他畢竟和腳踏車不一樣，ｈｉｄｅ想改造也改造不來。「到底怎麼樣才能彈出跟唱片一樣的聲音呢？」他帶著這樣的煩惱繼續練吉他。某天晚上，他怕打開擴大器會很吵，於是就戴上耳罩式耳機練習。戴到耳朵痛，就把耳機摘下來扔到地上。這時，從耳機傳來「嘓」的聲響，正是ｈｉｄｅ一直想要的扭曲聲音。「啊，就是這個聲音！」ｈｉｄｅ大大誤解了。「原來我喜歡的吉他手們，都是利用耳罩式耳機，把吉他音色帥氣地扭曲了。」這麼深信不疑的ｈｉｄｅ，每次練習都把音量開到最大，讓聲音從耳機傳出來。經過好幾個月，ｈｉｄｅ才察覺這是個天大的誤會，慘的是這期間有五、六個耳機被蹂躪到殘破不堪，不能再使用了。

得到吉他後，ｈｉｄｅ在家時幾乎都抱著吉他。坐在電暖桌裡看電視時也抱著吉他，把電視裡播放的廣告歌都一一複製彈過一遍。剛開始不太能複製，沒多久就彈得越來越順暢了。吃飯時還不至於抱著吉他吃，因為會被母親罵，但讀書時、晚上睡覺時也都把吉他抱在肚子上。這是因為他希望讀書讀到一半想轉換心情時可以馬上彈吉他，還有睡醒時想馬上彈吉他就可以彈。完全被吉他的魅力附體的ｈｉｄｅ，就在完全只有吉他的狀態中結束了國中生活。

第2章

總之大幹一場吧

靠考試前臨時抱佛腳的成果，在國中時成績也算不錯的ｈｉｄｅ，選擇了可以推薦入學的高中。自從在國中認識搖滾樂、擁有吉他後，每天都過著只顧彈吉他的生活，所以，高中只要能上就好，上哪一所都無所謂。他想在上高中後，進入輕音樂社團，跟合得來、喜歡搖滾樂的同伴們組成樂團演出，然後站在文化祭的舞台上演奏，聽著台下女生為他們驚聲尖叫……做著這種春秋大夢，心情澎湃不已的ｈｉｄｅ，在推薦考試當天才知道那所高中是男校。一直以為是男女合校的ｈｉｄｅ大受打擊，但是，其他學校的考試都結束了，不能再改變志願學校。不得不進入那所高中的ｈｉｄｅ，在入學典禮當天又知道了震撼的事實——那就是禁止電吉他。在教室拿到的學生手冊，禁止欄裡清楚寫著電吉他。怎麼會這樣？就在那一瞬間，ｈｉｄｅ在心中描繪的快樂高中生活的未來藍圖，嘎啦嘎啦應聲崩潰了。

一九八〇年，進入逗子開成高中。在湘南地區，這所高中是有名的傳統學校。班上同學有很多是認真讀書，以考上大學為目標的學生，所以ｈｉｄｅ一入學就覺得在學校如坐針氈。表面上過著跟班上同學融洽相處的生活，內心卻一點都快樂不起來。不能聊搖滾也不能聊吉他，總是沮喪地坐在教室的座位上。國中可以帶吉他去教室，高中連這件事都不能做。沒多久，他開始蹺課，泡在橫須賀的喫茶店裡。因為不想留級，所以會讀最低限度該讀的書，為了避免出席日數不足也會算好時間去上課，但覺得把更多時間花在學校生活上很浪費。

hide有個從小一起長大的朋友，名叫YOKO（橫山明裕），後來成為UNITED的貝斯手，活躍於重金屬界。因為家住得近，所以他小學、國中時，經常跟hide一起騎腳踏車玩耍。上了其他高中的他，很快組成樂團，精力旺盛地動了起來。hide說很羨慕他，他就把自己要好的搖滾同伴們介紹給hide。那群搖滾同伴們出入的地方，是橫須賀惡名昭彰的街道Dobu板通（通稱Dobu板）。

Dobu板通位於橫須賀基地附近，是一條全長約三百公尺的熱鬧街道，兩側林立著以美軍為主要客戶的酒吧、禮品店。入夜後，會亮起五光十色的霓虹燈，各家商店響起此起彼落的嬌嗲聲、罵聲，還不時會有警察鳴著警笛奔馳而過，是個危險的地區。現在是闔家或觀光客悠閒購物的安全街道，但是，在因基地海軍而繁榮的一九八〇年代，是打架、紛爭不斷的危險地區。hide從小就被父母嚴厲叮囑：「絕對不能去Dobu板。」橫須賀一般家庭的孩子，都是在這樣的教導下長大的。凡是健全的家庭都會避開這個區域，嚴格到萬一有什麼事非經過那條街不可，也會盡量選擇白天，而且會使盡全力狂奔，穿越三百公尺的街道。

ｈｉｄｅ第一次踏入這個環境複雜的區域，那裡有他從未體驗過的廣闊世界。街上充斥著與無聊的高中生活完全相反的刺激和驚險，禮品店和漢堡店從大白天就以大音量播放著搖滾樂。留長髮、穿著喇叭褲的外國人大哥，和穿著緊緊黏在身上的迷你裙洋裝的金髮大姊，在街上走來走去。透過許多樂團看到的自由、燦爛奪目的搖滾世界，全都展現在這條街上。這裡就是自己一直在尋覓的容身之處！這麼想的ｈｉｄｅ，高中蹺課後去的地方，很快就從喫茶店變成 Dobu 板了。

ｈｉｄｅ開始出入位於 Dobu 板通的一家店，名叫 Rock City。當時的 Dobu 板，有好幾家可以聽演奏的店，Rock City 也是其中之一。平日經營一般酒吧，只有週末會把放在店內中央的撞球台搬到外面，把那裡當成舉辦Ｌｉｖｅ場地。微暗的店內、陳列著酒瓶的吧台、香菸的煙霧、撞球、飛鏢、投幣式自動點唱機——ｈｉｄｅ覺得自己憧憬的一切，都在這家店裡。只要待在那裡，做什麼都開心。那裡有許多他以前從沒見過的人，是個充滿魅力的空間。ｈｉｄｅ徹底成為Dobu 板的俘虜，很多時間都是在那裡度過。酒、香菸、女人、打架——知道這些大人的危險遊戲，也都是在這個場所。

ＹＯＫＯ介紹的男人，留著長髮、鬍鬚，穿著喇叭褲、厚底高跟長靴，是一眼就能看出熱愛搖滾的外型。他是 Rock City 的常客，也有很多朋友，ｈｉｄｅ剛見到他時，以為他比自己年長許多，猜他「大約三十歲」，沒想到竟然跟自己同樣年紀。交談中，知道彼此都喜歡吻合唱團等樂團，很快就意氣相投玩在一起了。然後，很自然地進展到談論組樂團這件事。他召集他的朋友，組成臨時樂團（Session Band），要在其中一人的高中文化祭演出。ｈｉｄｅ決定在值得紀念的初次舞台上，演奏 Iron maiden 和ＡＣ／ＤＣ的曲子。第一次在人前演奏，ｈｉｄｅ興奮地說：「原來這就是Ｌｉｖｅ啊！」結束後都還沉浸在餘韻中。其實，緊張遠遠大於Ｌｉｖｅ的享受，而且觀眾也不捧場，但這場初次Ｌｉｖｅ成為ｈｉｄｅ的珍貴體驗。

在 Dobu 板進進出出之間，ｈｉｄｅ發現周遭同伴看起來都像搖滾少年，相較之下，自己看起來只是個普通的老實高中生，讓他覺得尷尬。他原本就胖，再加上髮型普通、服裝也普通，恐怕一個人再怎麼拚命練習吉他，也很難踏上憧憬的搖滾明星之路。

這樣下去不行！

ｈｉｄｅ下定決心改變自己。為了稍微接近理想中的自己，首先必須改變自己。唯有努力才能做得到，怠惰地度過每一天，不會有光明的未來。自由、豁達的 Dobu 板的氛圍，推動了ｈｉｄｅ的決心。

首先，ｈｉｄｅ想到要「擺脫肥胖」。肥胖是他從小學開始最大的煩惱，也是為了更接近理想中的搖滾明星，非解決不可的問題。然而，在這之前他從來沒想過要減肥，也不知道具體上該如何減輕體重。巧的是，正好在這個時候，他的體重一點一點降下來了。自從泡在Dobu板以來，他在家吃飯的次數少了，所以自然瘦下來了。

他的大腦明白，松本家料理有滿滿的愛，也有滿滿的卡路里，但是，面對為家人辛苦做料理的母親，他說不出「我想減肥所以不吃」這句話。現在正好可以不吃了。這麼想的ｈｉｄｅ，不僅不在家吃晚餐，也不再把母親給他的麵包錢花在午餐上。他要付Dobu板店家的餐飲費、唱片費、音樂雜誌費、吉他弦及器材費，錢不停地流出去。光靠父母給的零用錢根本不夠。儘管有祖母這個可靠的支持者，需要錢的ｈｉｄｅ還是把伙食費都花在其他東西上了。只要能在Dobu板遊玩，少了午餐、不吃晚餐，他都無所謂。刻意地減少飲食，讓他的身體順利地瘦下來了。

接下來是髮型。ｈｉｄｅ一上高中就燙了頭髮，是全校最早的一個，同學都讚嘆地說：「不愧是理容店的兒子，行動真快。」但看起來有點怪。國中時有過「鬼太郎髮」教訓的ｈｉｄｅ，這次慎重地帶著Joe Perry的照片去。他把照片拿給祖母看，拜託祖母說：「請幫我做這樣的髮型。」然而，完成後的髮型怎麼看都只像個「普通歐巴桑」。一個高中生根本不可能燙完頭髮就看起來像個搖滾明星，ｈｉｄｅ卻認定是「自己太胖了所以不適合」，黯然傷神，更努力進行減肥。

那之後，ｈｉｄｅ做了金色挑染。ｈｉｄｅ就讀的是傳統高中，校規非常嚴格，規定頭髮不可以碰到耳朵，染髮就更不可能了。因此，ｈｉｄｅ上學時會用黑色噴霧劑把染成金色的部分噴黑，再把後面的長髮編成辮子，用髮夾夾在制服裡面。

母親發現ｈｉｄｅ做了金色挑染後暴跳如雷，把他臭罵了一頓。然後認為ｈｉｄｅ穿得亂七八糟，都是受到貼在房間裡的搖滾音樂人的影響。ｈｉｄｅ房間裡有好幾張海報，母親最討厭的是化妝化得很妖豔的Japan。在這之前，只會把世界地圖、英文單字表等對課業有幫助的海報，直接貼在那些海報上面，試圖把ｈｉｄｅ拉回到規矩的世界。但這次真的氣壞了，把海報嗶哩嗶哩撕毀了。ｈｉｄｅ回到家，看到海報被撕得慘不忍睹，勃然大怒，嗆母親說：「開什麼玩笑！即使是父母，也不能隨便撕破人家重要的海報啊！」氣勢咄咄逼人。

ｈｉｄｅ的服裝也出現極大的變化。國中時，ｈｉｄｅ就想穿比較搖滾的衣服，只是不知道哪裡有賣，很難買得到。但是，他並沒有因此乖乖穿上一般的襯衫、褲子，而是去買上面有很多口袋的工作服，以展現自以為是的反骨精神。頭髮是七三分邊，又豎起來，怎麼看都像是小平頭，比較像飆車族而不是搖滾。儘管如此，他還是認為選擇「與眾不同」的服裝，就是自我認同。

上高中後，他知道了Dobu板這個地方。Dobu板通這條街上，有很多家讓hide喜極而泣的服飾店。不過，以搖滾高階者為對象的皮夾克、皮褲之類的服裝非常昂貴，所以，他先試著自己做些加工。例如，用剪刀把T恤的衣領剪開後不做修飾，把下襬也剪成細條狀或在邊緣加流蘇，嘗試改造。還會畫上色彩鮮豔的圖案，或塗上油漆。瘦下來的hide，開始穿黑色的直筒牛仔褲，會自己開洞或用刷子刷，做破壞加工。

母親對兒子的服裝變化惱怒不已，趁hide去高中上課時，把他修改過的T恤全部扔掉，把牛仔褲的洞全都縫補起來。hide回家看到，嗆母親說：「妳幹嘛啊！我做得很辛苦呢！」但母親也不服輸，高聲喝斥：「不要再穿這種奇奇怪怪的衣服，我都沒臉見附近鄰居了！」爆發了親子大戰。

原本和樂融融的松本家，氣氛變得躁動不安。每天早上hide出門時，都會在玄關跟怒吼「不要穿這樣出去！」的母親大吵一架。兩人吵架時，父親會出來斥責：「你怎麼可以這樣跟你媽說話！」最後吵成一團。連在旁邊戰戰兢兢偷看的裕士都會遭殃，挨罵：「你為什麼不勸阻！」遭一頓打。hide在家時，幾乎不再跟家人說話，放學回到家馬上換好衣服，帶著吉他出去了。晚上回來的時間越來越晚，晨歸的次數也越來越多。兒子怎麼警告都不聽，為此煩惱的母親什麼都不說了，hide也認為自己說什麼都得不到理解，在家裡更沉默了。

ｈｉｄｅ的父母都是思想非常平凡的人，只想好好疼愛兩個兒子，讓兩個孩子度過幸福的一生。他們真的非常擔心，曾經引以為傲的資優生兒子ｈｉｄｅ，喜歡上搖滾、開始彈吉他後，不斷陷入那邊的世界，因此疏忽了高中生活和學業。而ｈｉｄｅ好不容易找到自己的容身之處，想到說不定可以讓充滿自卑感的自己破殼而出，就雀躍不已，根本沒心情考慮父母的心情。後來，他在家裡持續上演無言的抗爭，最後母親只能認輸了。

「讓樂團繼續下去吧。」在文化祭演奏的樂團成員之間，很自然地出現這樣的聲音，Session Band 就成了永久性的樂團從事演出。那是在一九八一年，ｈｉｄｅ高二的時候，樂團取名為「SABER TIGER」。ｈｉｄｅ在加入X前，大約六年傾注全力演出的SABER TIGER 就此誕生。團名雖不是ｈｉｄｅ取的，但他一手包辦原曲創作、樂團的經營管理業務，成為樂團的團長。這是一個雙吉他的五人團體。雙吉他是喜歡旋律優美的吉他的ｈｉｄｅ，後來也堅持持續下去的形態。樂團所有成員都同年紀，所以排練時也一團和氣。ｈｉｄｅ組成期盼中的樂團，開心極了。

在第一次會議中，有人問：「要成為怎麼樣的樂團呢？」ｈｉｄｅ說：「總之大幹一場吧！」在美國，被稱為華麗金屬（LA Metal）的穿著華麗的硬式搖滾樂團，人氣止逐漸抬頭。當時，在華麗金屬中氣勢最盛的 Mötley Crüe 剛好推出首張專輯，很快拿到這張進口唱片的ｈｉｄｅ，被個性化的封面深深打動。「就是這個！」這麼想的他，從大量使用皮革、鉚釘的封面得到靈感，擴大了對 SABER TIGER 的服裝的想像。

隔年，他們要在 Rock City 舉辦首次Ｌｉｖｅ。成員一致認為：「有氣勢的搖滾樂團當然要穿緊身褲（Spats）！」決定大家一起去澀谷買。緊身褲顧名思義，是緊緊貼在腳上具伸縮性的褲子，當時的搖滾樂團都很喜歡，會當成舞台服裝來穿。SABER TIGER 很喜歡的 Mötley Crüe 也愛穿緊身褲，但是橫須賀買不到。於是，他們轉乘電車千里迢迢來到位於澀谷的芭蕾服裝專賣店買。這家芭蕾服裝專門店的客人，幾乎都是女性，所以樂團五人組十分醒目。雖然被投以冰冷的視線，但興奮地選著首次Ｌｉｖｅ服裝的他們完全不在意，各自選了喜歡的款式，走進試衣室裡。ｈｉｄｅ也進了試衣室，試穿自己喜歡的緊身褲，但肥胖還沒完全消除，大腿還肉肉的，這種狀態根本上不了舞台。但是，又不能當著其他團員說：「我的大腿太胖了，所以不買。」ｈｉｄｅ沒有讓任何人看到自己試穿的模樣，買下那條細窄的褲子，回到了橫須賀。然後，把緊身褲掛在自己房間的牆壁上，每天一面在心中怒吼：「非穿下不可！」一面積極減肥。雖是至今以來最嚴酷的減肥，但有了目標就能堅持下去。Ｌｉｖｅ當天，儘管兩腿之間還會啪茲啪茲摩擦，但已經是能穿上緊身褲的體態，所以他意氣風發地上了舞台。

SABER TIGER的首次Ｌｉｖｅ日，得償夙願的ｈｉｄｅ穿著與團員一起買的緊身褲，在Rock City的舞台上彈著吉他。儘管還有點肥胖，大腿像去骨火腿，但能穿上期盼中的緊身褲，ｈｉｄｅ的心情十分愉悅。裝扮是學Mötley Crüe把臉塗白、短頭髮用藍色噴霧劑染色再豎起來。因為是第一次，來了很多朋友，Ｌｉｖｅ的場面盛大熱烈。後來看到當天的照片，ｈｉｄｅ只覺得自以為很帥卻怎麼看都像禮品店賣的小芥子般的外型很好笑，但也覺得可愛。這天成為一個紀念日，記下了當時還什麼都不是的松本秀人，重生為未來搖滾明星ｈｉｄｅ的第一步。

最後，ｈｉｄｅ在短期間內共減掉了約二十公斤的體重。從小就被周遭人稱為「胖小孩」的ｈｉｄｅ，終於擺脫了醜陋的自己。單純只是為了可以帥氣彈奏吉他這個目標——ｈｉｄｅ在心中描繪的理想吉他手，一定要非常苗條。

因為第一代鼓手Ｋｅｎ在Rock City打工，所以SABER TIGER承蒙店家的好意，會利用平日的白天在店內排練。店家還讓他們一個月定期辦一次Ｌｉｖｅ，所以，ｈｉｄｅ越來越投入樂團演出。初期的SABER TIGER的音樂性，是以華麗金屬路線為主，但也經常演奏美軍喜歡聽的西洋搖滾音樂。因為地點的關係，Rock City的客人大多是外國人。ｈｉｄｅ的方針是，既然要站在店內的舞台上，就不能只追求自我滿足，必須讓客人開心才有意義。因此，不能只是默默演奏。這麼想的ｈｉｄｅ，開始摸索靠激烈的表演來討客人歡心的模式。華麗金屬的當紅樂團W・A・S・P・靠殺豬（模型）、喝黏稠的血、從背部噴煙的表演來討好觀眾的做法，給了他靈感，他也打算採用他們模式。剛開始只有吐血、揮舞假人模特兒程度的SABER TIGER的表演，後來越演越烈，進展到把保險套、色情書、生肉扔到觀眾席上，或是用鏈鋸把銅鈸切斷、把球棒當火把來燒等等。在觀眾席吵架已經是家常便飯的事，hide還曾經跑到場子裡，猛然用吉他的頭毆打露出無聊表情的觀眾。因為樂團是這種氣氛，所以觀眾也很激動，造成互毆、用靴子喝啤酒、裸舞、大鬧場等狀態連連。SABER TIGER的舞台被評價為「不知道會發生什麼事，像怪獸一樣兇暴」，有部分客人說「怕到不敢去看」，但追求刺激的客人很喜歡看，他們因此成為過度激烈、有氣勢的樂團，在橫須賀的搖滾圈子慢慢提高了知名度。

SABER TIGER的演出順利展開，hide的生活中心也變成樂團演出。他們會定期做樂團的排練，那之外的日子也會以開會的名義，聚集在Rock City，大家一起喝酒喝到天亮。聊的話題幾乎都是樂團和音樂，不知不覺天就亮了。討論事情時，桌上一定有啤酒。hide和樂團成員都喜歡喝酒，但更重要的是為了逞強裝帥。

在高中上課時，也都沒在聽老師講課，總是在課本或筆記本的空白處畫樂團的標誌或SABER TIGER（劍齒虎）的圖。從小就很會畫畫的hide，替傳單畫的圖品質好到把周遭人都嚇到了。裕士的筆記本、書，也都在不知不覺中被SABER TIGER的相關塗鴉填滿了。裕士看到不只文具，連書包、活頁夾都被塗鴉，向哥哥提出了抗議，但被「不久就會漲價，好好收著」這句話輕輕帶過去了。連買錯的田中星兒的EP盤唱片《Beautiful Sunday》的黑色盤面上，也被用粉紅色麥克筆寫著「WE ARE SABER TIGER！」不知何時就被裝飾在家裡的音響上面了。

高中三年級時，hide第一次交了女朋友。那是三年前的國三時認識的女孩，對hide來說是初戀情人。對方大他四歲，所以當時沒有告白，就那樣分開了三年。這段期間，hide對搖滾的熱衷遠勝過女性，所以也沒有出現其他喜歡的女性。一直忘不了她的hide，在SABER TIGER的首次Live前，連絡上許久不見的她，邀請她來看Live。重逢的兩人，就這樣開始交往了。當時hide已經變瘦了，又在Dobu板打滾過一段時間，頗有成年男人的模樣了，沒想到她說：「認識時我就知道我們會交往。」他們剛認識時，hide還很胖，對自己沒有自信，在女性眼中絕對不可能是有魅力的人。所以，即使聽到她那麼說，hide還是不太相信。後來，因為某件事情，才知道她說的都是真的。那時候，hide高興到在她面前哭了。竟然有人看到自己的本質而非外表，這個事實讓他非常開心，感動到全身顫抖。

她有車子，所以會載ｈｉｄｅ去各個地方。因為她不限類型什麼音樂都聽，所以ｈｉｄｅ聽到很多自己不會聽的歌，慢慢擴大了音樂視野。她在藝術方面也有很深的造詣，所以會帶ｈｉｄｅ巡迴美術館，刺激ｈｉｄｅ的藝術感覺。在她的影響下，ｈｉｄｅ的品味、審美意識有了明顯的成長。她非常理解樂團的演出，也常傾聽ｈｉｄｅ的煩惱、抱怨，給予支持。ｈｉｄｅ受她的影響非常大，大到改變了自己的價值觀。他與這位女性的戀情，維持了五年。

激盪的高中生活接近尾聲，ｈｉｄｅ也必須思考畢業後的去路了。儘管還沒有認真以職業樂團為目標的強烈意識，但大前提還是要繼續 SABER TIGER 的演出。因此，他想保住擁有自由時間的學生身分。高中成績因為太熱衷樂團演出，比小學、國中時差很多，但出席日數夠，所以還是有可以推薦入學的大學。因為「搖滾就是要留長髮！」而從高二開始留的長髮，在上學時也都是編成辮子藏在高領制服裡面，所以生活態度的評分也勉強達到標準。ｈｉｄｅ毫不猶豫地申請了大學的推薦入學。推薦考試當天，面試老師問：「你為什麼選擇這所大學？」ｈｉｄｅ很老實地回答：「因為只能上這所大學。」聽到這種目中無人的回答，面試老師們都皺起了眉頭。ｈｉｄｅ覺得他們的表情很好笑，又開玩笑地補上一句：「哎喲，我說的是真的啊。」推薦入學就被取消了。

這下麻煩了。他完全沒有準備入學考試，根本不可能再去考大學。ｈｉｄｅ前思後想，決定去讀美容學校。因為一直就近看著祖母的工作，所以他對美容師的工作也有興趣。他說：「我想去讀美容學校。」母親和祖母都舉雙手贊成。

剪刀是用來賺錢，樂團是用來圓夢

一九八三年，hide進入好萊塢美髮美容專修學院。這所代表日本的老字號美容學校位於六本木，hide很認真地從橫須賀通車到學校上課，單程就要花將近兩小時。他想取得美容師的執照，也覺得在學校好好學會知識和技術，應該對樂團會有幫助。

原本就很重視外表的hide，去美容學校上課後，對外型更加堅持了。在學校學到做頭髮和化妝的方法，也會教樂團的成員，希望不只自己，而是SABER TIGER所有成員的外型都能變得更好。這件事不只限於舞台上，他的方針是「不論在舞台上或舞台下，只要是SABER TIGER的成員，就不准邋裡邋遢」。hide本身也隨時會想著自己是SABER TIGER的hide，總是穿著很有搖滾味的衣服，在街上精神抖擻地昂首闊步。

去看朋友樂團的Live時，hide也很注意外表。一起去的SABER TIGER成員，若穿著樸素的便服出現在約定的場所，他就會說：「我不要跟穿成這樣的人一起去。」叫那個人回家換衣服。「去看其他樂團的Live，也是SABER TIGER的宣傳之一。」

從那時候就會使用「宣傳」這兩個字，令人驚訝。他的想法是，穿著花俏的衣服，在Live House會特別醒目，只要周遭有人談論：「那個花俏的傢伙是誰？」、「是SABER TIGER的hide。」宣傳就成功了。總之，他希望大家能多說一次「SABER TIGER」這個固有名詞、多一個人知道樂團的存在。這是hide最大的希望。Live結束後，他也會積極參加慶功宴。當然，喜歡喝酒也是原因之一，但主要是想露個臉多認識些朋友，這樣比較容易被邀請為Live的「共演樂團」（在Live時共同演出的樂團）。

SABER TIGER的原創曲也增加了，Live演出進行得非常順利。但是，只在Dobu板演奏，很難被邀請參加在展演廳舉辦的活動。「SABER TIGER怎麼樣才能接到大型活動的邀請呢？」這麼思考的hide，想到的是可以自己辦活動。既然沒有活動可以參加，就自己辦。於是，hide在橫須賀市文化會館，持續舉辦了三年名為「BREAK OUT THE ROCK」的活動。他讓在橫須賀演出的當紅搖滾樂團齊聚一堂，打造出只要參加演出就能鍍上一層金、成為橫須賀搖滾圈主流的活動。然而，「舉辦活動」說起來容易，過程卻非常辛苦。要租場地、召集演出樂團、賣門票、舉辦現場的Live。而且，據說每次都能吸引約一千人的觀眾，所以hide的統籌能力值得大書特書。為了提高SABER TIGER的知名度而想出來的這個活動，成為喜歡搖滾的橫須賀年輕人的夏之風景詩。

生活中的所有行動都是為了樂團的hide，開始煩惱SABER TIGER音樂方面的事。最初，只要能組成樂團，奏出音樂就滿足了。但是，隨著樂團的知名度提高了、觀眾增加了，就有了音樂上的欲望。他想讓觀眾能聽到更好的曲子、更好的演奏。為此，hide能做的事都做了，也盡了最大的努力。SABER TIGER的樂曲幾乎都是hide寫的，所以他開始對成員的音樂技術不足，無法達到自己想像中的程度感到不滿。曾經因為某成員的演奏太爛，在Live中發怒的hide把那個成員的擴大器音量調到零。為了樂團，hide想做更多排練，讓成員練習、進步。但是，成員對樂團的熱情開始有了差異，再也無法忍受的hide展開了恐怖的斬首作戰。hide認為「做音樂需要的不是人性，想成為專業，需要的是技術與品味」，狠下心來請一起努力過的成員離開。做法是請跟自己意見相同的人委婉傳達，或是設法讓本人自動離開。對基本上很關心成員也很重感情的hide來說，這是非常痛苦的一件事。他不斷告訴自己「為了讓樂團更好不得不這麼做」，但是，每次更換成員，他自己也很掙扎、很受傷。

為了提升音樂水準，讓舞台上的表演更加充實，hide要找新的吉他手。雙吉他手的另一個人選，在hide做的音樂上扮演極大的角色，所以他去看了很多樂團的Live，尋找可以一起彈奏的吉他手。最後，他看中了Rafellia這個樂團的吉他手REM。他先請Rafellia去「BREAK OUT THE ROCK」演出，等時機成熟就邀REM加入SABER

TIGER。他打電話給REM說：「我現在就想見你。」REM當天有事，對他說：「明天再見吧。」但是，說風就是雨的hide，根本沒辦法等到隔天，跟當時的貝斯手JIMMY一起去REM的公寓前暢飲等他回來。REM半夜三點回到家，看到兩人在自己的房間前面暢飲，大吃一驚，但是感受到他們倆人的熱情很開心。

在加入SABER TIGER之際，REM向兩人提出了幾個條件。當時的SABER TIGER每週只練習一次，一次二～三小時，REM希望「能做更多的練習」。還有，停止把生肉、色情書扔到觀眾席的表演，做「更正常的演奏」。另外，以前都是由hide一人作曲，REM希望「自己也能作曲」。默默聽完REM的條件後，hide全都答應了，但也對REM提出了一個條件，那就是「把外表打扮得更炫一點」。

REM加入後，SABER TIGER的排練時間變得很長。一週二～三次，練通宵直到早上共六個小時，休息時間可能不到十五分鐘。而且，休息時hide也在說排練的感想、反省、新的想法，所以並不算是真正的休息。宛如被攔截的水壩的水被一口氣放出來般，hide把所有熱情都投入作曲之中。體力上很疲憊，但大家充滿幹勁，所以很開心。

當時，hide從美容學校畢業，在Midori美容院當實習美容師。那時候的美容學校一年就可以畢業了，但是，想為樂團演出攢出時間的hide，又進階到專門課程，在美容學校讀了二年。他一本正經地對父母說：「我的技術不夠成熟，現在出社會還太早了。」、「我想再多學點東西。」請父母幫他出學費。hide的藝術才能也充分發揮在美容的世界，在主課程的畢業製作發表會的服裝展覽會上得到了優秀獎。他自己當模特兒，穿上由兩件和服搭配而成的衣服、化半邊臉抹成白色的妝、把頭髮高高豎起來、身上吊著假人模特兒走路，那模樣綻放出他充滿個性的才能。從專門課程畢業那一年，就通過國家考試，取得美容師執照。

從美容學校畢業後，應該去其他美容院工作當實習美容師。但hide想從事樂團演出，所以拜託祖母讓他在Midori美容院工作。在祖母的店比較好安排時間，Live的日子也可以請假。hide在Midori美容院的工作結束後，就會把頭髮完美地豎起來，抱著吉他去Dobu板，通宵排練，或是去看其他樂團的Live，接著喝酒，也常常隔天早上直接去上班。這時候，祖母會假裝沒看到，但只要怠忽工作，就會把hide叫到裡面說教。薪水袋上面也經常被祖母親筆寫上「工作認真一點」，薪水明細表上的數字會扣掉請假日的薪水，但薪水袋裡總是裝著全額的薪水。全家人都反對hide的音樂活動，唯一支持的祖母會私下或公然支援hide的樂團演出。

實習美容師還不能擔任剪髮工作，除了偶爾協助在後面頭髮捲上髮捲外，洗頭是主要工作。hide很會洗頭，評語不錯，甚至有客人特地指名要他洗。客人誇讚他說：「讓松本洗頭真的很舒服。」他會顯得很難為情，害羞地說：「因為我是吉他手，所以用彈吉他的心情在洗。」

通過國家考試後，慢慢可以剪頭髮了，就在他練習剪短髮時，有位客人來店裡說：「請幫我把髮尾剪短就好。」聽別人轉達的hide卻聽錯了，聽成：「請幫我剪成短髮。」正好時機也差不多了，他誤以為「自己一直在練習，所以要讓新人的自己剪了」。客人可能是很累，在hide剪頭髮時睡得很熟。醒來時，發現「只要把髮尾剪齊」的自傲長髮竟然變成短髮，氣得臉色大變。為了向半狂亂地離開的客人道歉，hide帶著水果禮盒去她家，一個勁兒低頭致歉請求原諒。

當時，hide已經有狂熱的歌迷。知道他在美容院上班的兩名女歌迷經常來店裡。白天會把寫著「給SABER TIGER hide」的便當，放在美容院的門外。hide把那個手作便當感恩地吃完後，會再把便當盒放回門外。到了傍晚，女歌迷會來拿走便當盒，隔天再送便當來。樂團演出很花錢，總是缺錢的他非常感謝這份溫暖的歌迷慰勞品。

因為自己是吻合唱團的狂熱歌迷，所以比誰都了解歌迷心情的hide，禁止成員的女朋友進入SABER TIGER的休息室。女朋友泡在業餘樂團休息室，是屢見不鮮的光景，也有音樂人會讓女朋友幫自己化妝。但是，hide認為歌迷看到那個樣子，感覺一定不好。SABER TIGER雖然才剛起步，也不能破壞歌迷的夢，這樣的想法深植於hide心中。

SABER TIGER的成員幾乎都是在橫須賀出生，所以都住在家裡，只有REM是在關西出生，來讀橫須賀的大學，所以一個人住在外面。他的兩房一廳一廚的住處，是成員的聚集場所，幾乎成為SABER TIGER的事務所。當時傳單上的樂團連絡電話，都是寫他家的電話號碼。Live結束或喝完酒後，hide常常住在那裡，跟REM一起作曲。在屋裡喝酒時，他會突然說：「你彈吉他，我唱歌。」把想到的樂句、曲子的片段錄到卡帶裡。然後把卡帶帶到排練的排練室，由樂團所有成員一起完成一首樂曲。hide非常享受這樣的過程。跟一個人作曲時不一樣，「樂團一起完成作品」的做法，不但充滿創意也很有新鮮感。SABER TIGER的原創曲穩定地增加了，進化成以演奏討好觀眾的樂團，不再做過度激烈的表演了。

SABER TIGER的傳單、海報，也都是hide親手做的。當時不像現在有電腦，都是把成員的照片和喜歡的雜誌剪貼拼湊起來，再拿去影印的純手工做法。是hide發現成員住家附近的空地上，有輛被丟棄的破破爛爛的車看起來很酷，提議去那前面照相，也是hide把工地現場留下來的生銹鎖鏈撿回來，提議在Live或拍照時戴上。

不只圖案，連文字大小、字體都很講究的傳單，完成度非常高，充分發揮了hide從小培養出來的藝術品味。傳單是以原來的大小直接影印，海報要擴大影印後再一張一張仔細地塗上顏色。當時彩色印刷很少也很貴，hide他們根本下不了手。儘管是非常花時間又麻煩的大工程，但hide總是開開心心地替海報上色。

SABER TIGER的傳單，從很早以前就寫了「Visual Loud & Cult」的廣告標語。樂團寫廣告標語已經很稀奇了，hide還在當時就使用了在一九九〇年代落實為日本搖滾類型之一的「視覺」（Visual）這個單字，令人驚訝。

器材車也是樂團演出的必要項目之一，用來搬運擴大器、套鼓組等大型樂器類，是做正式演出的樂團的必需品。當時，SABER TIGER沒有器材車，都是向REM的大學學生會租箱型車搬運器材。租借費便宜，但車子的車體上大大寫著大學的名字。總不能那樣把車開到Live House，hide會把膠帶貼在那個名字上面，在那上面寫SABER TIGER的樂團名。但是講究視覺的hide，沒辦法一直容忍貼著膠帶的租借器材車，為了設法得到他們自己的器材車而四處奔走。然而，窮樂團根本湊不到可以買車的錢，最後hide保證每個月還錢，父母就幫他買了HIACE的長型車。儘管激烈的親子大戰不停地上演，hide的父母還是無法拒絕兒子的請求。

排練的時間加長，也開始在橫須賀以外的Live House做Live演出後，hide

又開始策劃更換成員了。原因是跟其中一個成員合不來。ｈｉｄｅ喜歡他的人情味，但是，作為跟自己一起營運樂團的音樂人，能力稍嫌不足。有強烈上進欲望的ｈｉｄｅ得到的結論是，為了更上一層樓，最好的辦法是割捨掉那個人。但他還是一樣，當著那個人的面，怎麼也說不出「請你離開」這句話。煩惱再三後，他得到的答案就是暫時解散SABER TIGER。就這樣，SABER TIGER在一九八六年第一次解散了。

結果，ｈｉｄｅ還想一起組樂團的成員，也因為個人因素離開了，剩下ｈｉｄｅ和ＲＥＭ兩人。他們打算找新成員，啟動新生的SABER TIGER，但樂團名字該怎麼辦呢？他們不想換掉SABER TIGER這個名字，也會繼續演奏原創曲。這個名字叫人難以割捨，而且正逐漸滲透人心，所以兩人想繼續使用SABER TIGER這個樂團名字。

剛好在這時候，發現北海道有個同名字的團體。很巧，是同樣在一九八一年成立於札幌的重金屬樂團。正好當時ｈｉｄｅ他們的SABER TIGER參與製作的多人合輯，曾經把他們的名字拼錯，拼成「SAVER TIGER」。有長長尖牙的肉食野獸劍齒虎，正確的拼法應該是「SABER TIGER」，但是ｈｉｄｅ非常喜歡這個錯誤的拼法。他認為「有不存在於這世上的虛幻動物的氣氛，帥呆了」，也很喜歡那種造語的感覺。就這樣，新生的SABER TIGER以「SAVER TIGER」的拼法展開了演出。雖然也有與北海道同名樂團做出差異的意思，但也是ｈｉｄｅ對以解散為由辭退的成員最起碼的贖罪。

新生的SAVER TIGER開始尋找成員，貝斯手TOKIHIKO與鼓手KOSUKE很快就定案了。兩人都是曾經在「BREAK OUT THE ROCK」演出的樂團的熟面孔。但是一直找不到主唱。排練時不是沒主唱，就是拉群聚在Rock City的外國人來唱，一直沒遇到優秀的人才。找不到固定的主唱，樂團就沒辦法正式啟動。hide碰到人就問：「有沒有好的主唱？」拚命在找優秀的主唱。

沒多久，有人提起在DEAD WIRE樂團當主唱的kyo的名字。不知道是怎麼樣的主唱，但聽說外型非常誇張。hide馬上跟他取得聯繫，約在橫須賀中央車站見面。彼此不知道長相，所以hide心想：「如果來個打扮簡陋的男人，我就默默離開。」在剪票口等著kyo。此時，從遠方傳來嘎鏘嘎鏘的金屬聲，然後從通道另一頭的黑暗處出現一個身影，是個穿著大紅夾克、頂著一頭金髮，如傳說中那般耀眼的男人。在他前面的人看到他走過來，立刻讓開一條路。那一幕簡直就像摩西十誡的電影，所以，hide把與kyo初次見面時的光景稱為「kyo摩西事件」。之後，hide很喜歡把這件事當成酒酣耳熱時的話題，說得又好笑又誇張。為了「以華麗裝扮吸引他人目光先打出名聲」而經常出入Live House的kyo，與心想「絕不能讓遠從千葉來的男人瞧不起」而比平時更盛裝打扮來接自己的hide面對面時，彼此都受到極大的震撼。在見到比以前認識的任何人都華麗的kyo的瞬間，hide有點後悔，心想：「請來了不得了的傢伙。」沒想到ｋｙｏ跟外表完全相反，是個容易親近、單純喜歡搖滾的大好青年。

在杯觥交錯中談了許多話的兩人，意氣十分投合。ｋｙｏ加入SAVER TIGER的事就此定案。當時，ｋｙｏ住在千葉的市川，所以要花兩個小時去排練場所所在的橫須賀。成員把這件事稱為「ｋｙｏ的東京灣沿岸小旅行」。ｋｙｏ很崇拜Hanoi Rocks這個來自芬蘭的華麗搖滾樂團的主唱Michael Monroe，金髮和紅色夾克都是受他影響。因為這樣的ｋｙｏ的加入，SAVER TIGER又多了華麗搖滾的要素，在音樂上也萌生了新的化學反應。ｈｉｄｅ非常高興，開始思考：「有了現在的成員，說不定可以邁向專業。」

這時候，在樂團內有駕照的人，只有ｈｉｄｅ和ＫＯＳＵＫＥ兩人。現在開器材車去Live House的次數增多了，將來也想開車做全國巡演。為了那一天的到來，ＲＥＭ和ＴＯＫＩＨＩＫＯ參加合宿考駕照。參加合宿，大約兩個星期就能拿到駕照，晚上的空閒時間也可以帶樂器去作曲。兩人覺得這麼做一舉兩得，就帶著吉他和貝斯搭電車去了位於八岳山腳下的小淵澤的駕駛訓練班。但是，他們的計畫很快就破滅了。因為ｈｉｄｅ帶著ｋｙｏ、ＹＯＫＯ、ＲＥＭ以前的樂團主唱ＳＨＩＯＭＩ，四個人衝到了合宿的地方。

ｈｉｄｅ最喜歡突然把在場的所有人，通通一起帶著到處跑。Ｌｉｖｅ的慶功宴結束後，他會繼續帶著大家來趟巡迴幽靈出現地點的靈異之旅，或是去富士山的樹海或大海大鬧一場。有一次，不只樂團的成員或他們的朋友，連在場的歌迷在內，大約十五人都一起去了鎌倉的鬼屋。襲擊小淵澤的駕駛訓練合宿，也是同樣的手法。他們睡在器材車裡，等兩人的駕駛課結束就過來，每天到處去探險，晚上根本沒時間作曲。因為都睡在車裡，很想找地方洗澡，一行人就決定去汽車旅館。他們怕器材車載著好幾個髒兮兮的男人開進汽車旅館會有問題，所以，坐在後座的成員都縮著身體躲起來，坐在駕駛座的ＹＯＫＯ扮演男主角，坐在副駕駛座的ＳＨＩＯＭＩ把毛巾塞入胸部，還化了妝，扮演女主角，演得非常徹底。好不容易辦完入住手續的六人，擠進限額二人的房間，盡情地泡澡。

從小淵澤開車不到一小時的地方，有個知名的觀光地「清里」。才剛從荒郊野外的山中探險回來的一行人，決定去清里轉換心情。那時當紅的女性雜誌《an・an》、《non-non》中經常刊載清里相關的特集，所以，他們也是抱著那裡會有很多可愛女生的想法去的。的確如ｈｉｄｅ所想，有很多女生走在清里的大馬路上。但是，道路兩側都是色調柔和的商店，整個城市被裝飾成甜甜、柔柔的童話世界。穿著黑皮夾克、牛仔褲、搖滾Ｔ恤、鉚釘靴子的六人組，在那裡顯得十分突兀。心想：「去吃午餐吧。」一把店裡的菜單拿起來一看，也只看到上面有冰淇淋的薄煎餅、擺著很多草莓的法式吐司，根本找不到食物可以滿足食欲正旺盛的男生們。感覺很不舒服，正要速速撤退的六人，竟然聽見 SAVER TIGER 的歌《Dead angle》。當時，唱片公司剛剛發行了他們也有提供歌曲的合輯。聽到從停著的車子音響傳來的歌，hide等六人開心地大叫：「在放我們的歌呢！」在根本就是異世界的粉嫩城市清里，經歷過聽到自己歌曲的奇蹟般體驗後，他們意氣風發地回到橫須賀的城市。

在橫濱，他們經常會在慶功宴結束後去山下公園玩。在 Live House 辦完慶功宴後，所有成員就直接走到沿著河岸延伸的面海公園。大半夜，裝扮華麗、粗野的樂團成員成群結隊地走在路上，對正在享受橫濱羅曼蒂克夜景的情侶來說，非常煞風景。hide他們卻一副事不關己的樣子，踢罐子、放煙火、捉迷藏，玩得跟小孩子一樣開心。這時，hide與kyo抬頭看著拴在河岸的巨大遊輪冰川丸，討論說：「哪天把冰川丸擊沉吧。」兩人都已經到了大家公認可以加入成人行列的年齡，在半夜毅然發下的誓言，竟然是「把冰川丸擊沉吧」，不知道是太天真還是太胡鬧。

截至目前，SAVER TIGER 共發表過三張聲源。第一張是一九八五年七月發表的薄膜唱片，收錄《Double Cross》、《Gold Diggers》二首歌。薄膜唱片是使用PVC製成的軟薄唱片，製作成本比一般唱片便宜。發行這張薄膜唱片時，SAVER TIGER在橫須賀市文化會館舉辦的「BREAK OUT THE ROCK in summer」的舞台上，做了撒唱片的宣傳。

第二張是在同年的一九八五年十一月，由EXPLOSION Label發行的合輯《HEAVY METAL FORCE III》，收錄了《Vampire》。在Live中，hide在這首曲子的前奏，表演邊吐血邊與假人模特兒纏繞，是SAVER TIGER的代表曲。在這張唱片裡，除了YOSHIKI與TOSHI外，還有其他成員的X、Casbah、Jurassic Jade、Mephistopheles、JEWEL等，當時活躍於業餘圈子的樂團全都參加了。

第三張是收錄在清里聽到的《Dead angle》與另一首《Emergency Express》的合輯《DOKU WO MOTTE DOKU WO SEISU》。一九八六年二月由VAP發行，一起去小淵澤旅行的hide的從小一起長大的朋友YOKO的樂團UNITED也有參加。

從一九八五年七月到一九八六年二月，約半年的時間內，SAVER TIGER在三張合輯發表了聲源。hide決定就算不惜假裝解散樂團，也要找齊自己滿意的成員的SAVER TIGER，卯起勁來一決勝負。

kyo加入後的SAVER TIGER，氣勢更強了。除了開始在硬搖滾樂團聖地目黑的Live House鹿鳴館、橫濱的7th Avenue演出外，也會在千葉、當然還有老家橫須賀定期舉辦Live，活動的次數著實增加了。

SAVER TIGER與DEMENTIA、北海道的SABER TIGER、Tilt、Mephistopheles等，在業餘圈十分知名的樂團共演的次數也增加了。關於「現在氣勢最強的樂團」X的傳聞，hide也略有耳聞，但苦無共演的機會。在預約Live House時，被店方負責人問到：「要哪個共演樂團？」hide常常會提到X。當時的X經常參加電視綜藝節目「上海紅鯨團」、「天才北野武活力充沛的電視」的重金屬大運動會等，所以，熱烈歌迷和音樂相關人士都對他們很不滿，再加上Live和慶功宴的行為都太過激烈，評語非常差。

那麼，SAVER TIGER的評語就很好嗎？一點也不好。在樂團名字改變拼法之前的SABER TIGER時代，他們會在Live中把生肉、保險套丟到觀眾席，這件事至今仍是大家流傳的話題，在慶功宴上的大吵大鬧也不輸給X，所以也有好幾家居酒屋禁止他們出入。這兩個樂團，與後來加入X的貝斯手TAIJI以前待過的DEMENTIA樂團，是評語很差的三個樂團，被稱為「關東三大大型垃圾樂團」，老字號的Live House都不讓他們演出。

當時，hide坦然對批評SAVER TIGER的相關人士說：「我討厭我自己。」因為討厭自己而充滿了自卑感，所以自己塑造出了SAVER TIGER的hide，他說他總是在想如何讓這個hide看起來夠帥氣。樂團看起來像是胡攪蠻幹，其實hide一直是以第三者的眼光俯瞰注視著自己。

雖說全國巡迴演唱還太早，但還是想去外地看看，當成前哨站。這麼想的hide，決定與 Mephistopheles 一起進行Live，去靜岡、名古屋巡迴演出。然而，在外地，觀眾人數也有時候比兩個樂團的成員加起來還少。SAVER TIGER 從一開始演出，包括來嘲弄的美軍在內，場地就有很多客人了，所以幾乎沒有經歷過觀眾很少的Live經驗。hide深深感受到，沒有被遍布全國的音樂雜誌報導過的業餘樂團，在外地城市的知名度還是差遠了，是一趟苦澀的巡迴演唱。

kyo加入後，SAVER TIGER 的演出開始更加速發展時，hide都是走到哪住到哪，幾乎沒有回過橫須賀的家。偶爾回去，父母都會熱烈歡迎他，母親會像以前那樣做很多他喜歡吃的菜，排滿餐桌。雖然不是百分百支持hide的樂團活動，但是，兒子沉迷到那種程度也沒辦法，所以有點想開了。母親對他說：「幾萬人當中只有一人能成為藝人。」他也是笑著反駁說：「我就是會成為那幾萬人當中的一人啊。」母親不認為兒子真的能在嚴酷的音樂世界獲得成功，只能祈禱起碼不要讓兒子受到傷害。

樂團越來越忙，去 Midori 美容院工作的時間就越來越少了。hide在工作時總是說：「剪刀是用來賺錢，樂團是用來圓夢。」但他身為美容師的品味十分優秀，是周遭人都公認的。在舞台上，他經常頂著一頭獨創的髮型，那都是擁有專業美容師的技術才做得出來的髮型。在 SAVER TIGER 的後期，hide已經跟在X的出道時一樣，是把金髮如扇子般攤開的嶄新髮型了。那是一般人絕對想不到的奇特髮型，而且一般外行人也不可能把頭髮那麼完美地豎起來。在Live中激烈晃動頭部，也不能讓髮型垮掉。那個髮型是身為專業美容師的hide完成的作品之一。

恐怖的斬首作戰

「有個很厲害的鼓手。」貝斯手TOKIHIKO告訴了hide這個傳聞，他說的是kyo在DEMENTIA時代一起演出的鼓手TETSU。其實，hide很早就知道TETSU的存在，為了問他願不願意加入SAVER TIGER，hide打過很多通電話到他家。家人對他說：「有個叫松本的人打了好幾通電話給你。」但是他對松本這個姓毫無印象，就一直沒回電。後來kyo加入SAVER TIGER，大幅縮短了他們之間的距離，hide和TOKIHIKO都喜出望外。「總之，一起演奏一次吧！」hide找TETSU來排練室交流。光是聽到TETSU打鼓的錄音帶，就覺得「SAVER TIGER的鼓手非這男人莫屬」的hide，實際與他一起演奏後，更深深確定了那樣的感覺。然後，半強硬地進行說服，TETSU就那樣加入了SAVER TIGER。

再三更換成員，對hide造成相當大的精神耗損。為了聚集最優秀的成員，他無論如何都想讓TETSU加入SAVER TIGER。剛開始組樂團，只要能跟同伴一起演奏音樂就滿足了，但現在對音樂活動所抱持的態度全然不同了。他在心裡發誓「這是最後一次背叛朋友」，決定請鼓手KOSUKE離開樂團。

那之後沒多久，SAVER TIGER 有場Live。結束後，他們像平常一樣去居酒屋開慶功宴。hide下定決心，這次一定要對KOSUKE說「請你離開樂團」，所以沒辦法像平時那樣豪爽地乾杯。他心想「要趕快說才行」，卻一直說不出口。他不知道該怎麼說才好。沒想到，在大家還沒喝醉之前，KOSUKE就自己走到hide那裡，對他說：「我要離開 SAVER TIGER。」敏感察覺樂團氣氛的KOSUKE，在hide開口前就自己提出了離開樂團的要求，他說：「我非常喜歡 SAVER TIGER，希望你們可以努力成為主流。我離開樂團後，也會替你們加油。」聽完他這番話的瞬間，臉色僵硬的hide突然站起來，衝出居酒屋。

過了很久，hide都沒有回來，大家擔心他就出去找他，看到他在居酒屋那棟大樓後面的停車場，蜷縮在車子後面哭泣。問他：「你還好嗎？hide……」他也不回應，發出嗚咽聲，怎麼都不肯站起來。

為了讓樂團更好，自己接二連三辭退了同甘共苦過的成員。可以這樣背叛一起追逐成功夢想的同伴，把他們當成踏板嗎？每次辭退成員，都會被良心的苛責壓得喘不過氣來hide，這次比前幾次都痛苦。

「不要再做這種事了，這是最後一次更換成員了，這就是SAVER TIGER的最終形，如果這五人當中，再有任何一個人脫離樂團，SAVER TIGER就解散。」hide這麼痛下決心。

然後，TETSU加入後的SAVER TIGER開始活動了。理想成員齊聚，hide真的是精神大振。每次排練，他都會帶很多曲子的原型或樂句的想法來排練室。成員聽完後，再加以潤飾，讓曲子越來越完美。hide不喜歡「因為那樣所以這樣」的老套既定觀念，都是隨意發揮自由的想法與豐富的靈感作曲。然後再配合節奏組，把片段的曲子作成嶄新的SAVER TIGER的樂曲。在編曲上有所堅持，經過再三推敲才完成的樂曲，品質也不斷向上提升。kyo剛加入時覺得「這樣的成員應該可以成為專業」，後來確定「這樣的成員絕對可以成為專業」。

首先，他們想製作唱片。新曲的靈感不斷湧現，所以，一定可以作出讓大家震驚的超酷作品。因此，必須預約排練室和錄音室。也要拍攝封面用的正式藝術照片。多拍幾張，用來做寫真集應該也不錯。hide還想做比以前更多的Live，也想再多做點宣傳，去比之前更遠的城市做巡迴演唱，將來還可以嘗試製作錄影帶。hide的夢想不斷擴大，聚集在作為樂團事務所的REM的房間時，他都在說這些事。說著SAVER

TIGER的未來的ｈｉｄｅ，眼神宛如少年般閃閃發亮。

SAVER TIGER與X之間一直沒有共演的機會，有一次有個朋友來約ｈｉｄｅ說：「要不要去看看X的Ｌｉｖｅ？」周遭人都告訴他：「最好不要跟X扯上關係。」但是，別人越是這麼說，他就越有興趣去看看究竟是怎麼樣的樂團？SAVER TIGER有參與的專輯《HEAVY METAL FORCE III》，X也有參與，所以，他對他們的音樂性也有興趣。

ｈｉｄｅ第一次去橫濱的「7th Avenue」看X的Ｌｉｖｅ。因為聽過很多關於他們的傳聞，所以可以想像大概的模樣。然而，親眼看到的X的Ｌｉｖｅ，帶給他的震撼竟然大到超過想像。在舞台上，穿著像機動戰士鋼彈的粗獷衣服的ＴＯＳＨＩ嘶吼著：「喂，你們！盡情放縱！」ＹＯＳＨＩＫＩ是金髮只豎起半邊的髮型，邊激烈地左右搖晃著頭邊打鼓。他們拋吉他、把鼓敲壞、最後ＹＯＳＨＩＫＩ還跳進了觀眾席。上面飄浮著小鬼Q太郎的氣球，ＴＯＳＨＩ大叫：「你們不要怠慢了Q太郎！」ｈｉｄｅ覺得他們的Ｌｉｖｅ放射出驚人的能量，很新穎、很有趣。對身為鼓手卻比任何人都搶眼的ＹＯＳＨＩＫＩ也產生了興趣。

表演結束後，ｈｉｄｅ去休息室打招呼，看到那裡有一堆金髮男生。他不知道哪個是ＹＯＳＨＩＫＩ，正煩惱時，從裡面走出來一個像外國人小孩的金髮少年，對他說：

「嗨，我是YOSHIKI。」這個看起來熱情、可愛的少年，會是剛才那個在舞台上瘋狂大鬧的惡名昭彰的X的團長YOSHIKI嗎？hide看到眼前這個笑咪咪的少年，驚訝到不知道該如何反應。YOSHIKI邀他參加慶功宴，他就去了說好的居酒屋。結果，裡面都是人、人、人……多到令人懷疑是不是比去看Live的觀眾還要多，店裡擠得水瀉不通。那樣的光景，連習慣酒席的hide都大吃一驚。一般認為傳聞大多會被渲染得太過誇張，然而，關於X卻是事實比傳聞更恐怖。那裡的中心人物是YOSHIKI。他的酒量非常好，以極快的速度喝乾一大杯啤酒，快到令人好奇那麼大量的酒都消失在纖細身體的哪裡了？兩人一拍即合，宛如老朋友般聊得十分投機。以華麗的外型、過激的音樂、玩把戲做演出的兩個樂團團長，彼此產生了共鳴。

當天的慶功宴傳聞，誇張到了極點。例如，一晚打破幾百個的杯子、摔壞滅火器鬧到不可收拾、跟不同類型的搖滾樂團發生大亂鬥等，話題不勝枚舉。hide在橫須賀也有過不少慘不忍睹的經驗，但不是很清楚在東京演出的樂團的慶功宴是什麼樣子，看得有點心驚膽戰。不過，從旁看形象極差的慶功宴，親身參與其中就會覺得那是男生精力旺盛的象徵，不禁莞爾。hide光聽傳聞，從遠處看時，也是大皺眉頭，但實際加入他們後，覺得跟節慶一樣，好玩得不得了。hide非常喜歡那種氣氛，彷彿凝聚了「今後要好好加油！」的年輕樂團們的能量。從那天起，hide都會盡可能參加朋友的樂團在東京舉辦的慶功宴。

X跟 SAVER TIGER 一樣，成員也不固定，是經常變更成員的樂團。X最初是從幼稚園就認識的TOSHI與YOSHIKI，在高二時組成的樂團。那之後，在成員不斷變更中進行演出。事實上，hide與YOSHIKI彼此都曾試過把對方拉來自己的樂團。hide是同時遊說YOSHIKI和TOSHI加入 SAVER TIGER。YOSHIKI也曾經闖入 SAVER TIGER 在Live後的慶功宴，當著其他成員的面說：「hide，加入X！」雙方都以失敗告終，但希望對方加入自己樂團的彼此肯定，更縮短了兩人之間的距離。

一九八六年十一月，在目黑的鹿鳴館舉辦的X的「發狂爆發大鬧演出」的安可曲中，hide以來賓身分上場彈吉他。這一天也是TAIJI的再加入紀念演出（一九八五年一度加入又退出），在演唱安可曲《X》與性手槍樂團的翻唱曲《God Save The Queen》時，許多音樂人朋友大舉演出，使得狹窄的舞台完全成了擠沙丁魚狀態。這天kyo也參加了。當時的hide不喜歡髮型垮掉，所以幾乎不會跳下舞台，但這一天kyo卻看到他跳下觀眾席的激動演出。

hide開始跟YOSHIKI熱絡暢飲之前，曾經有段時間盡量少喝酒。結果被YOSHIKI勸酒：「卯起來喝啊！」便又故態復萌了。之後身體不舒服看醫生，查出胃裡有三處小潰瘍。hide替三個潰瘍取了名字，第三個取名為YOSHIKI，因為是跟YOSHIKI往來後造成的。

當時，hide和TOKIHIKO幾乎都住在REM的房間，處於三個男人同居的狀態。Live結束後，所有成員會聚在一起，邊看Live的錄影帶邊開反省會。SAVER TIGER是積極採行後來X也在舞台上進行的formation（在Live中，成員配合韻律做同樣的動作）。他們會以反省會之名行飲酒會之實，針對哪個動作做得漂不漂亮、誰搞錯了演奏起點等意見，彼此大戰到天亮。SAVER TIGER的五個人，都是認為「我最強」的成員，所以，hide或REM在彈吉他solo時，TOKIHIKO會跑到前面彈貝斯，導致「怎麼可以這樣」的爭吵。但是，希望成員貪婪、積極的hide，抱怨歸抱怨，內心還是想「這樣很好」。

變更成員後的SAVER TIGER好像很厲害——這樣的傳聞在Live House圈傳開來，也出現了來看他們的相關業者。專門發掘新人，讓他們在主流出道的知名製作人，也來看在Live House蔚為話題的SAVER TIGER。在Live前就聽說他要來的成員，都坐立難安。表演結束後，來休息室打招呼的製作人說：「以樂團來說很有看頭，不過，可惜的是hide的形象和其他樂團的主唱重疊。」說完就走了。hide在那位製作人前面強忍著沒發脾氣，等他一走，就怒氣沖天地踹牆說：「少瞧不起人！」然後，在當天的慶功宴上，他又邊喝啤酒邊大叫：「以後那傢伙來找我，我也絕對不去什麼主流！」

一九八六年十二月二十九日，SAVER TIGER 參加了鹿鳴館的年末活動。活躍於這一年的當紅樂團、以及隔年可能會紅起來的前途看好的樂團，都參加了這個活動。SAVER TIGER 會受到邀請，代表鹿鳴館已經肯定他們是前途看好的樂團。這次，幹勁比平時更高漲的ｈｉｄｅ，打算把布景搬上舞台。他去撿扔在工地的鐵絲網，裁成車子可以搬運的大小，載回去當 SAVER TIGER 的舞台布景。那一天的活動有很多樂團參加，所以撤換道具的時間很短，對其他樂團造成了麻煩，但是，在總結充實的一年的Ｌｉｖｅ上，可以在親手做的舞台布景前演奏，ｈｉｄｅ的心情好極了。面對超滿座的狂熱歌迷，他們使出全力完成了這一年最後的Ｌｉｖｅ。每個成員在演奏時都確信「明年將會是飛躍的一年！」是留下深刻印象的一場Ｌｉｖｅ。

Ｌｉｖｅ結束後的慶功宴，也充滿了活力，十分歡樂。有很多感情不錯的樂團成員參加，幾乎是年末尾牙狀態。當時，SAVER TIGER 跟Ｘ、DEMENTIA 相處融洽，經常去看彼此的樂團演出，然後在慶功宴一起喝酒。舉辦Ｌｉｖｅ的樂團在收拾器材時，其他樂團就去預約居酒屋，確定參加人數。這三個樂團被歸類為關東三大大型垃圾樂團，卻是各個樂團都壯志凌雲，經常在一起熱情地飲酒到天亮。

邁入充滿希望的新年。ｈｉｄｅ相信，SAVER TIGER 的未來就像新年第一天的日出那般燦爛。年底在鹿鳴館舉行了非常有感覺的Ｌｉｖｅ，因此自信滿滿的他們，一月四日在大宮 Freaks 舉行了新年第一場Ｌｉｖｅ。然而，卻因為這場Ｌｉｖｅ，狀況完全改變了。這一天，吉他手ＲＥＭ因為親人的法事，不能參加Ｌｉｖｅ。由 Roadie（樂團管理員）在後面彈吉他，完成了舞台表演。雖是業餘卻抱持著專業心態在經營樂團的ＴＥＴＳＵ，因為這件事對 SAVER TIGER 的樂團存在方式產生了疑惑，他無法接受樂團少了一名成員也能進行Ｌｉｖｅ的態度。ＲＥＭ原本就是朝著音樂與牙醫兩條路邁進，ＴＥＴＳＵ覺得他是抱著模稜兩可的心態，所以做了痛苦的決斷，認為不能再跟 SAVER TIGER 繼續下去。

ＴＥＴＳＵ打電話給ｈｉｄｅ，把自己的感覺如實說了出來。驚訝的ｈｉｄｅ拚命想留住他，但是他心意已決。ｈｉｄｅ非常能理解ＴＥＴＳＵ的心情。為了成為專業而堅忍不拔努力至今的ＴＥＴＳＵ的身影，就像鏡子裡的自己。後來，他跟活躍於D'ERLANGER 的ｋｙｏ和ＴＥＴＳＵ長期往來，培養出超越樂團的友誼，但是，以同樂團成員的身分演出的活動，就此劃下休止符。

ｈｉｄｅ覺得這是報應。「以前是我割捨成員、背叛同伴，現在報應在我身上了。」想到這裡，他後悔、悲痛、懊惱到不能自已。ｈｉｄｅ的沮喪程度非常嚴重，每晚痛飲到爛醉。變得自暴自棄，有時還會大鬧。

最後，ｈｉｄｅ終於決定「解散 SAVER TIGER」。在這五個人齊聚時，他就曾下定決心：「只要其中一人退出就解散。」既然被認可為最優秀成員的五人齊聚，都不能成為專業，那麼，樂團再繼續下去也沒有意義。即便這麼想，ｈｉｄｅ還是經過很長一段時間才決定解散，因為 SAVER TIGER 在他心中就是如此龐大的存在。這是他從高二起的六年間，付出一切演出至今的樂團。即使做好了心理準備，要親手劃下休止符依然是非常痛苦的一件事。但是，ｈｉｄｅ已經沒有心力再尋找成員繼續經營樂團了。他不想再割捨或背棄同伴了。

在解散 SAVER TIGER 的同時，ｈｉｄｅ做了一個很大的決定——

「放棄樂團，回去當美容師。」

他決定結束付出一切橫衝直撞的樂團人生，從今往後當個美容師度過一生。「成為搖滾明星」是他從國三開始追逐的的夢想，他親手為這個夢想劃下了休止符。

第3章

hide，要不要加入X？

一九八七年一月二十八日，SAVER TIGER在目黑鹿鳴館舉辦Live後解散。當時hide認定是最終形的五名成員才齊聚不到一年，是確信「明年會是飛躍的一年！」的活動才剛結束的一個月後。

hide打電話給樂團同伴及音樂相關業者，告知「放棄音樂回去當美容師」的決定。每個人都遺憾地說：「太可惜了。」其中也有同伴邀他說：「要不要來我們樂團再試一次？」但他實在提不起那個勁，拒絕了所有邀約。

hide打電話給所有認識的人報告完畢後，最後才打給YOSHIKI。YOSHIKI當然知道SAVER TIGER解散的事。hide說：「我明天要把頭髮剪了。」傳達了放棄音樂的決心，YOSHIKI毫不訝異，只回他一句：「是嗎？」當hide在敘述SAVER TIGER解散的詳細經過時，YOSHIKI一反常態沒說什麼話。等hide說完，隔了一會，他才說：「要不要跟我再試一次呢？」聽到他這句話，不知道為什麼從hide嘴裡反射性地冒出一句「那就試吧」。為什麼會這麼回答？hide自己也不知道。很多人邀請過他，他都沒有動心。自己也下定了決心，要改頭換面，邁向身為美容師的嶄新人生。而且，如果X氣勢正旺，會動心也還可以理解，然而，當時正是X因為上電視而被周遭人嚴厲攻擊的時期。「說不定我心中某處，是希望YOSHIKI會來邀我吧。」hide隱約這麼覺得。

幾天後，hide去池袋的排練室看X排練。當時的成員有YOSHIKI、TOSHI、TAIJI、以及TAIJI帶來的十七歲速彈少年吉他手ISAO。hide獨自坐在排練室角落的圓凳上，盯著四個人排練的模樣。X的排練比hide想像中還要嚴肅，四個人很認真地重複了好幾次曲子的練習。那麼認真地排練，一點都不像那個表演得很無厘頭的樂團。但是，氣氛不知道為什麼相當凝重。「是不是自己不該來這裡？」hide有點擔心。排練結束後，在YOSHIKI的邀請下，hide跟成員一起去了居酒屋。在依然凝重的氣氛中，YOSHIKI問：「hide，要不要加入X？」他就回說：「加入啊。」突然，TOSHI和TAIJI都站起來，興奮地大叫：「喔耶！」反而hide被他們過大的反應嚇到了，心想：「上次我就在電話裡轉達了我要加入X的意願啊，你們幹嘛叫這麼大聲？」其實，他們都聽YOSHIKI說過「hide要加入X」，還只是半信半疑，所以在排練時非常緊張。因為他們都知道hide傾注了多少熱情在SAVER TIGER的演出上，也聽說了他要放棄樂團回去當美容師的決定。從hide嘴裡清楚聽到「我要加入X」，成員都欣喜若狂。從以前YOSHIKI就覺得，hide的獨特且充滿創意的吉他模式、以及對樂團的想法，非常有魅力，一直希望他能加入X，所以格外開心。「這樣，X就能成為最強的樂團！」所有成員都超激動。得意忘形鬧得天翻地覆的成員，走到店外還是無法平靜下來，在深夜的馬路上玩起組合體操，把路人嚇壞了。興奮過度的TOSHI趴倒在地上，成員一個接一個跳到他身上，連高興的表現方法都跟其他樂團不一樣，是自由奔放的做法。東方天空漸漸翻白時，突然有人提議：「去母親牧場(Mother Farm)吧！」所有人就搭車去了千葉的母親牧場。hide也喜歡在慶功宴上突發奇想，把周遭人都一起帶去各種地方，跟他們是完全相同的思考迴路。hide在這種突如其來的來勁中，嗅到跟自己一樣的味道，心想：「跟這些成員無論到哪，都能一起走下去！」再次下定了決心。

輾轉住在朋友家，已經很久沒回家的hide，加入X後正式搬到東京。他提著塞滿吉他與行李的袋子，對家人說：「我遇見了不得了的男人。」說完就去了東京。在hide心中，「和YOSHIKI一起做樂團」比「加入X」的意義更大。

正式加入X的hide，第一次以成員身分彈吉他，是在電視綜藝節目「天才北野武活力充沛的電視!!」的企劃「YASHIRO食堂」的錄影。這個胡攪瞎搞的企劃內容，是靠重金屬的演奏讓生意不好的食堂興旺起來。把套鼓組搬進只有吧台的狹窄店內，化全妝、上半身裸露的ＹＯＳＨＩＫＩ大喊「吃呀」的畫面，非常超現實。Ｘ參加過好幾次這個節目的「早餐重金屬」、「重金屬大會」等企劃，當時比現在保守許多的音樂業界一片撻伐聲，都說他們「把音樂當成笑柄」、「重金屬會被世人瞧不起」。然而，「再好的音樂沒人聽也沒有意義」是ＹＯＳＨＩＫＩ的原則，所以無論周遭說什麼，他都沒有停止上電視。越被批評反而越展現反骨精神，說：「既然沒人要做，就我來做！」ｈｉｄｅ在SAVER TIGER時代從旁觀看，也對Ｘ上綜藝節目抱持懷疑的態度，但是，知道ＹＯＳＨＩＫＩ認真的想法後，也由衷贊同他的意見。ｈｉｄｅ是在完全接受Ｘ這種情形的狀態下，加入了Ｘ。從SAVER TIGER時代至今，ｈｉｄｅ一直保有「想嘗試前所未有的事」的精神，所以，不論周遭人如何恥笑，在攝影機前他總是帶著自信，落落大方地表演。

　ｈｉｄｅ剛加入，ＩＳＡＯ就因車禍受傷而退出了Ｘ。過去的Ｘ也曾經只有四人，但是，應ｈｉｄｅ的要求，決定再找一名吉他手。雙吉他是ｈｉｄｅ從事樂團演出以來，堅持至今的模式。他希望另一個吉他手能穩住演奏，好讓自己成為出奇制勝的道具做些奇怪的事，這個願望從SAVER TIGER時代至今都沒有改變。後來，ＰＡＴＡ加入Ｘ成為ｈｉｄｅ的搭檔吉他手。他以前也曾協助Ｘ錄音，所以跟成員已經很熟了。一九八七年二月，主流出道時的五名成員ＹＯＳＨＩＫＩ、ＴＯＳＨＩ、ｈｉｄｅ、ＰＡＴＡ、Ｔ

ＡＩＪＩ已經到齊了。SAVER TIGER 的解散日是一月二十八日，對ｈｉｄｅ來說，這是自己的世界一百八十度大轉變的激盪的一個月。

成員終於固定下來的Ｘ，以快速進擊為目標，把所有精力投注在排練上。吉他的編排幾乎全交給ｈｉｄｅ，所以，ＹＯＳＨＩＫＩ所作的具古典要素的重金屬，加上ｈｉｄｅ的個人化且新潮的想法後，Ｘ的曲子有了更大的進化。讓差點被束之高閣後來又大暢銷的曲子《紅》復活，也是ｈｉｄｅ的提議。第一次去看Ｘ時，ｈｉｄｅ就很喜歡《紅》，不知道歌名卻老是哼著這首歌。搭配快節奏旋律的這首歌，是能夠清楚表現出Ｘ魅力的一首歌。當時卻被說成「不是搖滾」、「是歌謠金屬」，被批評得體無完膚。「那麼好的一首曲子，為什麼不演奏呢？大家一起編曲，讓曲子復活吧。」他們把簡單的曲子加上搖滾的處理，讓曲子從令人印象深刻的吉他前奏開始，再浪漫地延展開來，進化成名曲《紅》。ｈｉｄｅ加入Ｘ後，第一次共同參與完成的曲子就是《紅》。

ｈｉｄｅ開始參加Ｘ的排練，對他們在調音方面十分嚴謹這件事感到詫異。ＹＯＳＨＩＫＩ是從小學古典鋼琴，ＴＯＳＨＩ是在高中畢業後，進入了音樂專門學校的調律科。到目前為止連調音器都沒用過的ｈｉｄｅ，受到極大的啟發。令他再次驚訝的是，排練的聲音非常大。Ｘ在狹窄的排練室放了兩台 Marshall 擴大器，ＹＯＳＨＩＫＩ帶來很大的雙大鼓，所有成員都音量全開演奏。先進行縝密的調音，再以聽不見他人樂聲的爆音做練習，不知道該說是心思細膩還是豪放，ｈｉｄｅ感覺這應該就是Ｘ不可思議的魅力。

Ｘ從活動初期，就是展現重金屬模樣的硬派視覺，服裝基本上是黑皮革、鉚釘、鎖鏈、網子。像鋼彈般粗獷冷酷的裝扮是主要特徵，當時幾乎都是親手製作。衣服主要由雙手靈巧的ＴＡＩＪＩ負責，ＴＯＳＨＩ也會當助手幫忙做。他們會去東急HANDS買皮革、鉚釘，再大量購買鋼管、塑膠管、粗鐵絲等可以用在衣服上的小東西，每天晚上在家裡把小東西釘釘鐺鐺地釘在皮革上。ｈｉｄｅ會穿上祖母當成便服的印度民族服紗麗搭配黑皮褲，或是把紗麗直接纏繞在身上，很擅長這種個性化的裝扮。不過，他並不是一開始就想做這麼古怪的打扮，只是沒錢而不得不把手邊的衣服拿來搭配著穿。Ｌｉｖｅ演出的動作很激烈，所以衣服動不動就會破掉，處處損毀。這時候，成員都是自己修繕衣服，所以對當時的Ｘ來說，縫紉工具盒是巡迴演唱的必需品。

身為專業美容師的ｈｉｄｅ加入後，Ｘ的頭髮造型、化妝更增添了洗鍊的華麗度。把半邊頭髮直直立起來的ＹＯＳＨＩＫＩ的通稱海膽頭，是他自己想出來的，但是，對外表沒什麼堅持的ＴＯＳＨＩ和ＰＡＴＡ髮型，是ｈｉｄｅ設計的。ＴＯＳＨＩ會染成金髮，是因為被ＹＯＳＨＩＫＩ念：「多花點心思，不要被其他樂團看扁了！」所以，

hide在Live前邊問：「這樣如何？」邊幫他把金髮垂直地豎起來。PATA獨特的半紅莫西干髮型，也是hide想出來的。莫名其妙被說服把頭髮染紅，又被說「剪短吧」，PATA的獨特莫西干髮型就這樣完成了。hide自己也是一頭從SAVER TIGER時代開始的扇形髮，臉上化著龜裂的妝、眉間貼著被稱為bindu的貼紙、裝上當時很罕見的長指甲，把各種靈感都收進自己的視覺裡。

在還沒有視覺系這個名詞的當時，化妝化得很妖豔的樂團被嘲弄為「頭髮倒豎樂團」、「化妝樂團」、「濃妝豔抹金屬」。在這樣的逆風中，X還是同樣重視激烈的音樂性和外表的震撼性，展現不同於其他樂團的獨特個性。儘管有一部分人抨擊他們「是以視覺為優先，毫無內容的樂團」，他們還是團結一致地把那樣的自卑情結轉化成力量。

五名成員齊聚的兩個月後的一九八七年四月，X以這樣的陣容在神樂坂的EXPLOSION舉辦了第一次的Live演出。不知道是不是太來勁了，TAIJI在舞台上噴火、向觀眾扔網子、燒銅鈸，做出激烈的表演。那天有進行錄影帶的拍攝，但最後沒有發行販賣，理由是Live內容太過壯烈。那股逼人的氣勢，震驚了第一次在舞台上就近看到噴火表演的hide。

成員一直不固定的X，湊齊了心靈相通的成員，開始朝同一個目標前進，衝勁十足。經過幾場Live有了感覺後，他們決定去關西巡迴演出，做前所未有的宣傳。會議是在樂團領隊YOSHIKI的住處舉行，聚在他房間的成員圍成圈圈坐在被墊上開始開會。很快就決定要免費發送什麼東西，但是，花了很長的時間才決定要發送什麼。因為有人提議，不要只針對去Live House的觀眾，要把一般人也囊括進來，所以，接二連三出現了冰箱、微波爐、卡車等玩笑般的點子，最後決定免費發送錄影帶。乍看之下，過度自由的會議像是在胡攪瞎搞，其實，X有好幾個異想天開的行動，都是來自這種成員彼此論戰意見的會議。

當時，因為免費發錄影帶需要經費，所以沒有樂團會想這麼做。若是販賣物品，銷售額可以支付製作經費，免費發送就不能期待回收經費了。因為是純粹用來做宣傳，所以製作費只能由成員自己出。「那麼，請在明天之前帶三十萬日圓來。」最後YOSHIKI這麼說，結束了會議。

發送試聽帶在當時非常流行，自己製作錄影帶發送則是前所未聞。這麼做確實有話題性，宣傳效果應該很大，但是，難就難在成員必須自己出製作費。所以，沒有人這麼做過。但是，會議已經做了決定，因此成員不是借錢就是賣傢具雜物湊錢。hide也把重要的器材拿去當，設法湊到了錢。約十五分鐘只收錄三曲的錄影帶，也是大規模製作，搞得人仰馬翻。不只演奏畫面，還拍攝了機車畫面、鼓燒起來的畫面，不論從時間、製作費、勞力來看，都很難想像是只有十五分鐘的錄影帶。「既然要做，就把現在的X最棒的地方呈現出來。」這麼想的他們，把費用置之度外，滿腦子只想著製作好作品。聲音也是正式在錄音室錄製，因此更加鞏固了樂團之間的音樂性團結。在這卷錄影帶的開頭，早就使用了寫在X出道專輯《BLUE BLOOD》封面上的廣告文宣「Psychedelic Violence Crime Of Visual Shock」。

這卷免費發送的錄影帶《XCLAMATION》，預定在夏天舉行的大阪的 Bourbon House 及目黑的鹿鳴館的 One Man Live 發送給入場觀眾。但是，用來發送的錄影帶數量不足，在會場爆發不滿。雖是思慮不周的企劃，但錄影帶免費發送的演唱會大成功，X的知名度大幅提升。之後，十一月在鹿鳴館舉行的 One Man Two Days，門票搶購一空。

不只東京，在關西的Ｌｉｖｅ也增加了。有駕照的ｈｉｄｅ和ＹＯＳＨＩＫＩ負責開車，把所有人和器材都塞進一台車裡前往目的地。有一次，從東名高速公路往西走時，器材車後面的掀背式尾門敞開，剛做好的貼紙都飛到路上。全新貼紙迎著風，在路上飄來飄去。他們緊急把車子停在路肩，拚命撿回在半空中飛舞的貼紙。那是相當危險的行為，但是，對缺錢的他們來說，每一張貼紙都是很珍貴的收入來源。到大阪後，他們把撿回來的貼紙一張張分成「可使用」與「不可使用」兩大類，把「可使用」的貼紙若無其事地擺在用來賣東西的桌子上。

有一次，X要拍新的藝術照，沒有錢租攝影棚，就在Roadie家拍攝。ｈｉｄｅ想到可以把黑色塑膠垃圾袋揉得皺巴巴，當成攝影的背景幕。成員一個一個輪流站在那前面，擺姿勢拍攝。其實是想拍五個人在一起的照片，但是，X的成員都把頭髮豎起來，頭變得很大，所以沒辦法收進一個框框裡。不得已，只好拍個人獨照。不知如何打發等待時間的ｈｉｄｅ，惡作劇的念頭油然而生，把主人Roadie的唱片的中央標籤，全部用麥克筆塗黑。坐在他隔壁的ＹＯＳＨＩＫＩ，又把裡面的唱片和封面全部相互調換。沒有了封面，根本不知道標籤被塗黑的唱片是誰的什麼唱片。對提供自宅給他們拍照的Roadie來說，這是非常惡毒的行為。後來，Roadie不得不把被ｈｉｄｅ和ＹＯＳＨＩＫＩ惡搞過的唱片全部重聽一遍，再自己把樂團名稱和唱片專輯名稱寫上去。

Ｌｉｖｅ的觀眾動員數直線攀升，所以，他們認為時機到了，決定製作第一張專輯。對ｈｉｄｅ、對X來說，都是第一張專輯。將由ＹＯＳＨＩＫＩ成立的獨立唱片公司「EXTASY RECORDS」發行。有幾家主流唱片公司聽說X的傳聞，都來詢問過：「要不要由我們公司發行？」但是，他們覺得還有獨立音樂該做的事，就拒絕了。

引頸期盼的專輯終於要開始錄製了。成員們都幹勁十足，包下平時使用的池袋錄音室的晚上時間，連日通宵達旦為即將收入專輯裡的九首曲子做編曲、排練。除了在Ｌｉｖｅ經常演奏的特定曲子外，ＹＯＳＨＩＫＩ也替SAVER TIGER時代ｈｉｄｅ的樂曲《Sadistic Emotion》寫歌詞，把歌名換成《SADISTIC DESIRE》，收入了專輯裡。hide和PATA在彼此的住處來來去去，只要時間許可就會在其中一人的住處一起練吉他。他們用節拍器配合節拍練習吉他和聲，覺得作好了萬全的準備才開始錄音，然而……

對hide來說，第一次的錄音是一連串痛苦萬分的試煉。SAVER TIGER 時代的錄音都是一次錄到底，所以在錄音室時鼓手就在眼前打鼓，他只要聽著鼓聲彈吉他就行了。但是，這次是使用所有樂器的聲音個別錄完後再複製的方式錄音。一次錄到底的錄音會摻入雜音，所以，主流唱片公司的錄音除非有特別目的，否則幾乎都是採用複製方式進行。X希望第一次錄唱片可以錄出最好的聲音，所以採行這種複製方式。彈吉他要一邊聽從耳機放出來的替代鼓聲的機械節拍聲邊彈，但是，hide不習慣這種方法，一直彈不順。而且，X的樂曲節拍很快，也很難掌控。速度太快，快到沒辦法正確刷奏。hide聽著節拍器，一天又一天全心全意地練習刷奏。練得太過度，右手引發腱鞘炎，導致更不能彈的惡性循環。第一次陷入瓶頸，hide萬分焦慮。「這樣下去，我真的可以繼續擔任X的吉他手嗎？」他煩惱地說出了洩氣話：「腱鞘炎很痛，沒辦法隨心所欲地彈吉他。」PATA體諒他，替他彈出了他想要的樂句，還鼓勵他說：「還好只是右手，我曾經兩手都引發腱鞘炎呢。」因為PATA的安慰，再加上踏實地不斷練習，

hide終於克服了自己的弱點。X的首張專輯《VANISHING VISION》的總錄音時間，竟然超過了三百小時。耗費非主流無法想像的時間，終於完成了專輯唱片。

沒想到會賣得這麼好

準備唱片錄音的一九八七年年底，X參加了CBS／SONY的新人發掘試唱會。試唱會是在展演廳以Live的形式舉辦，台上的主持人彬彬有禮地介紹了試唱會的參加者。怎麼看，X都像來錯了地方。X毫不畏懼那種被排擠的氛圍，像平常一樣使出全力演奏了《紅》與《オルガスム（Orgasm）》兩首曲子。在曲間的MC，TOSHI對著坐在椅子上觀看的觀眾，挑釁地說：「你們都覺得我們來錯地方吧？但我們無所謂，所以你們也不要這麼婆婆媽媽，偶爾爆發一下吧。」在誰都難免會緊張的試唱會上，可以跟平常一樣完成演出的X，膽子大到不像新人。這一次，他們獲頒CBS／SONY的育成ARTIST賞。

一九八八年四月發行的《VANISHING VISION》，奪得獨立音樂排行榜第一名。才發售一週就賣出一萬張，在當時的獨立音樂圈是驚人的大暢銷。這張唱片是非主流，卻登上主流排行榜的排名，也成為話題。預定在唱片行舉辦的簽名會，因為來了太多歌迷引發大混亂，不得不中斷。切身感受到樂團正在往上爬的ｈｉｄｅ，也沒想到會賣得這麼好，驚訝大過於喜悅。

X的其他成員也一樣，沒想到會賣得這麼好。《VANISHING VISION》是由ＹＯＳＨＩＫＩ的唱片公司「EXTASY RECORDS」發售，所以通訊販賣是由 Roadie 和成員的朋友們寄送。只有一個房間的事務所，每天都會收到裝滿信封袋的現金掛號。要割開信封袋確認裡面的金額，再把唱片包起來，寫上收件人的姓名地址。需要好幾個工作人員分工合作才能趕得上進度，所以狹窄的事務所裡擠滿了人。由於人手不足，在沒有Ｌｉｖｅ時ｈｉｄｅ或ＰＡＴＡ也會加入，徹夜協助寄送作業。

《VANISHING VISION》發行後的五月五日，X在中野公會堂舉辦首次的 Hall One Man Live 門票搶購一空。ｈｉｄｅ看到八百名觀眾一起合唱《紅》的光景，感動地想：「那時沒有放棄搖滾實在太好了。」非常感謝邀自己加入的ＹＯＳＨＩＫＩ。這次，他第一次邀請父母來看自己的Ｌｉｖｅ。向來反對ｈｉｄｅ從事音樂活動的父母，看到那麼多人來看兒子的演出，滿臉笑容地享受了Ｌｉｖｅ的樂趣。

發行專輯唱片後，他們毅然決定進行首次的全國巡迴演出。預計在二十個地方舉行二十四場公演，是規模十分龐大的巡迴演唱。X幾乎不曾在關東、關西以外的地方舉辦Ｌｉｖｅ，所以，在各個 Live House 都創下觀眾動員的新紀錄，不論哪個會場都盛況空前。器材車的駕駛，白天由有夜盲症的ｈｉｄｅ負責，晚上由ＹＯＳＨＩＫＩ負責。樂團的知名度、觀眾動員數都提升了，卻還是由成員本身或與Roadie輪流開車，投宿的旅館也不是單人房。ｈｉｄｅ大多跟ＰＡＴＡ同房，有時也跟ＹＯＳＨＩＫＩ住三人房。雖然都會預約旅館，但Ｌｉｖｅ結束後一定會開慶功宴去喝酒，所以，幾乎沒有時間好好睡在旅館的床上。

靠器材車行進，行程非常緊湊。去參加「Sports Valley京都」的活動時，是前一天的Ｌｉｖｅ結束後，所有成員頂著直豎的頭髮搭器材車去的。他們的髮型要花兩個小時才能完成，所以，知道演出前沒有時間豎頭髮，就決定「這樣直接去」了。有人的頭髮還會頂到車頂，但一大早到達會場後，所有成員都躺在Sports Valley的草坪上小睡了一會。草坪柔軟舒適，筋疲力盡的他們都在短時間內熟睡了。

Ｘ的評價水漲船高，好幾個主流唱片公司或事務所爭相找上他們，想跟他們簽約。還有人暗示會把「買ＢＭＷ給所有成員」之類的可疑條件列為簽約條件。但是，Ｘ的成員很謹慎。長期以來一直被音樂界的大人們抨擊，他們對於因為唱片大賣才甜言蜜語靠近他們的人都有所戒備。對同伴重感情的成員們，對外面的大人也經常都是齜牙咧嘴，不會掏心掏肺地跟那些人說話。

與契約相關的事，都是由ＹＯＳＨＩＫＩ出面交涉。他在成立EXTASY RECORDS的時候，瘋狂學了很多東西，所以有豐富的簽約相關知識。hide很尊敬這樣的YOSHIKI，全面信賴他，所以在契約方面都尊重他的判斷。在SAVER TIGER時代，從作曲到樂團營運都是hide一手包辦。X有YOSHIKI，而且所有成員都有各自扮演的角色，所以在心情上輕鬆許多。除了樂團剛成立時就跟YOSHIKI在一起的TOSHI外，PATA、TAIJI也都跟hide一樣，有過領隊的經驗。他們都知道經營樂團不容易，因此，成員之間的信賴關係屹立不搖。

花時間討論後，在找他們談出道的幾家公司中，他們選擇跟CBS／SONY簽主流契約。自從去年年底參加試音，獲得「育成ARTITS」賞後，CBS／SONY一直很關注X的活動，並給予支持，與成員之間也逐漸建立起信賴關係。出道日期決定後，也安排了錄音的行程。在那之前，還有好幾次作曲合宿的預定。每次跟負責人開會，都會決定各種朝向出道邁進的事情，hide卻覺得不太真實。成為專業樂團，是他從SAVER TIGER時代起的長期夢想，他無法相信這個夢想正在眼前具體地不斷往前邁進。

這樣的他，對主流出道這件事有真實感覺，是在第一次拿到薪水的時候。他們已經成為CBS／SONY的專屬藝人，所以每個月都會拿到薪水。當時的hide可以說處在人生最貧窮的時期，X越來越有名，Live也越來越忙，他沒辦法再去兼差當美容師，所以常常缺錢。雖然Live的觀眾動員人數增加了，首張專輯也發行了，但樂團需要大筆經費，所以進來的錢很快就花光了，用來支付排練費、器材費、器材車的維修、傳單和海報等宣傳費。在SAVER TIGER時代管理營運經費的ｈｉｄｅ，非常清楚樂團有多麼燒錢。所以，ｈｉｄｅ以音樂人的身分第一次拿到薪水時，開心到不行。

ｈｉｄｅ用第一次拿到的薪水，在東京租了自己的房子。離開橫須賀後，他都是輾轉借住在別人家，所以很想擁有自己的城堡。以前他就看中過一間房子，心想：「如果有錢，好想住那裡。」他不抱希望地去問房仲，很幸運那間房子還空著，他就簽約了。這間房租七萬日圓位於阿佐谷的房子，成了ｈｉｄｅ的城堡。

簽完主流契約，拿到薪水沒多久後，X的成員又拿到了意料之外的一大筆錢。那是在獨立音樂界大暢銷的《VANISHING VISION》的著作權利金。唱片公司的老闆ＹＯＳＨＩＫＩ，在排練室對成員們說：「拿去，這是著作權利金。」把裝在信封袋裡的現金交給他。ｈｉｄｅ試著把厚厚的信封袋立在桌上，竟然馬上就立起來了，簡單到難以置信，讓他大吃一驚。信封袋裡塞著滿滿的一萬日圓鈔票。簽主流契約時也是這樣，但是ｈｉｄｅ覺得這個在腦中描繪的夢想一一實現的現實，彷彿是發生在其他世界的事。不過，他還是有心情去想：「既然早晚都會拿到，如果可以在幾個月前生活最慘的時候拿到就更好了。」

在東京有了自己城堡後，ｈｉｄｅ開始呼朋引伴來附近住。因為他希望一起喝酒的朋友，都離自己近一點。第一個目標是X的搭檔ＰＡＴＡ。他原本就住在從阿佐谷搭ＪＲ只要一站的隔壁城市荻窪，所以ｈｉｄｅ邀他：「搬到附近嘛。」他馬上就搬來了。第二個目標是SAVER TIGER時代開始的盟友ｋｙｏ。他在樂團解散後，先加入Ｂａ—ＲｒＡ，後再加入D'ERLANGER，正如怒濤般開始大顯身手。接下來，ＴＡＩＪＩ、ＴＵＳＫ（ZI:KILL）、ＡＭＩ（TOKYO YANKEES）等意氣相投的朋友，也都一一應ｈｉｄｅ的邀約，成為阿佐谷的居民。

好不容易租到房子，ｈｉｄｅ卻在這時候體驗了悲戚的失戀。在金錢上有了餘裕，想要報答至今照顧自己的女友，卻被宣告：「我要（跟別人）結婚了。」ｈｉｄｅ自知向來以樂團為優先，從未做過讓女友高興的事，但還是大受打擊。他把朋友叫出來喝酒，沮喪地說：「我好不容易可以報恩了呢。」醉到酒話連篇。ｈｉｄｅ喝醉時會有好幾種狀態，這種是被稱為「自虐君」的模式，就是一直說：「反正沒人喜歡我。」自己虐待自己，把自己虐待到垮。那時，旁邊的朋友都安慰他說：「沒那種事啦，ｈｉｄｅ。」但ｈｉｄｅ還是振作不起來，繼續說：「反正、反正沒人喜歡我……」然後有人說：「大家都喜歡ｈｉｄｅ呀，不管去哪我們都會跟去，一定會。」就在這一瞬間，ｈｉｄｅ打開了「去哪吧」的模式的開關，眼睛綻放光芒，說了一句：「好，那麼，我們現在去富士山吧！」照例，深夜的富士山之旅就這樣展開了。

ｈｉｄｅ藉著酒後氣勢說「去哪吧」的熱潮，一直沒有改變。為了製作出道專輯唱片的曲子，去富士山附近的河口湖合宿時，也是ｈｉｄｅ在深夜把ＰＡＴＡ和ＴＡＩＪＩ找出來，說：「去樹海吧。」他們是因為作曲作到腸枯思竭，想出來排遣心情，卻在風穴探險時迷了路。這裡他們來過幾次，自認對這裡的環境有幾分把握，沒想到在一片漆黑中失去了方向感。怎麼走都走不到開來的車子那裡，三個人開始害怕，臉色都發白了。正當大家越來越沉默，腦中閃過「就這樣回不去了怎麼辦」的最糟狀況時，看到恰巧經過的車子的頭燈，又找回了方向感，走到他們停放車子的停車場。後來，車子停在樹海裡不動了。因為地點的關係，他們都嚇得臉色發白，結果沒什麼事，只是沒有汽油了。於是，三人把車子推到斜坡上方，靠慣性回到合宿的地方。那次的經歷相當恐怖，但ｈｉｄｅ完全沒受到教訓，後來又去了好幾次樹海的探險之旅。

在作曲合宿的同時，他們也製作了電視用的樂團介紹影片。為了隔年的出道，ＣＢＳ／ＳＯＮＹ委託專業工作人員，製作了三十分鐘的節目，以年底到年初這段時間為主，在各家電視台播放。節目名稱是「Ｘ現身」。主要內容是由他們的Ｌｉｖｅ、採訪、簡介構成。這個節目的旁白充滿Ｘ愛，令人印象深刻，例如「看完這個節目，你會發覺自己喜歡上了『Ｘ』」、「一下舞台，呈現的就是令人喜愛的少年臉龐」。後半段也放入了在Sports Valley京都的野外舞台上，hide和TAIJI所做的傳說中的噴火表演，成為極大的話題。除了採訪外，也在都內的勝鬨橋、新宿鬧區拍了外景，儘管是一大早集合卻沒有一個人遲到。在外景車行進中，hide說：「肚子餓了。」在車子裡邊化妝邊吃準備好的便當。

沒有活動時，hide總是戴著大帽簷的帽子，再戴上大墨鏡。以那副模樣默默抽著菸，會給人壓迫感，散發出難以接近的氛圍。天性怕生的他，是刻意製造出讓初次見面的人不敢隨便過來攀談的氣氛。hide對帽子特別在意，有人要碰他的帽子，他就會生氣地說：「不要碰我的帽子。」大家都知道萬一帽子不見會發生大事，所以，在同伴之間不知不覺中形成「喝了酒就不要碰hide的帽子」的不成文規定。九〇年代的視覺系音樂人，很多都戴著黑色大帽簷的帽子，hide就是這個流行的開端。給人的第一印象雖是「戴著大帽子看起來很可怕的人」，但熟了以後，hide會是個友善、溫和、講道理的好青年。這樣的他，只有跟真的敞開心胸的朋友在一起時、或是在完全的私人空間，才會摘下墨鏡。穿著簡單的便服、摘下墨鏡和帽子的hide，幾乎不會被人認出來。他喜歡素顏、穿著運動服，在非假日的上午逛百貨公司。他討厭人多擁擠，所以會盡可能避開星期六日，選人少的時段在百貨地下街閒晃晃，有時會吃吃人家推薦的試吃品。這樣的休息時間，是他私生活中的短暫休憩。

邁入一九八九年，X馬上開始錄製主流的出道專輯。在錄音室時收到快報，得知三月將在澀谷公會堂舉行的Live的門票，二小時就賣光了。聽到這個好兆頭的消息，成員心情大好，精神更加振奮，投入將近兩個半月的時間錄製唱片。

跟錄製首張專輯《VANISHING VISION》時一樣，X的成員一切要求完美，絕不妥協，進度果然延遲了。因此，在唱片錄製當中，同時拍攝了《紅》的宣傳影帶。對X、對hide來說，這都是第一卷正式的宣傳影帶。《紅》的單曲發行是在出道半年後的一九八九年九月，所以，這時候的錄影帶不是用來宣傳單曲，而是有介紹發行出道專輯的樂團的強烈意味。因此，成員各自的畫面，是由他們各自提議喜歡的情境進行拍攝。在討論時，hide就很清楚自己想要的畫面，馬上提出了「我要用蛇拍攝」的想法。樂曲還沒完成，所以攝影時攝影棚播放的音樂是沒有歌的無演唱者版本。但是，hide沒有面露難色，完美地呈現出了自己描繪中的影像世界。這是hide第一次參與精密製作的攝影，然而，他的專注力與表現力都令工作人員咂舌。

Rock and Roll的世界很快樂喔！

主流出道專輯《BLUE BLOOD》，以「X將顛覆主流！」的強烈廣告文宣，在四月二十一日發行。一推出便登上ORICON排行榜第六名，是當時音樂界無法想像的紀錄。在那個時代，幾乎沒有Rock and Roll登上暢銷排行榜。在業餘圈也就罷了，在主流圈至今還沒有過外型如此華麗的樂團，也沒有演奏如此狂野的樂團。這個樂團突然以出道專輯登上ORICON第六名，所以帶給音樂界很大的衝擊。在發行專輯前舉辦的巡迴全國十六個地方的巡迴演唱會的會場，幾乎都是展演廳，而且各地的門票陸續被搶購一空。截至前一年，巡迴演唱會的會場都還是Live House，由此可見他們爆紅的程度。

巡迴演唱結束後，為了作曲兼拍攝錄影帶，X的成員出發前往紐約。ｈｉｄｅ和ＰＡＴＡ、ＴＡＩＪＩ先去洛杉磯再轉到紐約。ＹＯＳＨＩＫＩ先在倫敦、法國停留作曲，再轉到紐約。所有人都是第一次來紐約，所以是邊拍攝錄影帶邊觀光的行程。ｈｉｄｅ小學時去過洛杉磯，但紐約也是第一次，所以一直很期待。攝影結束後，他就一個人在街上閒晃，逛各種商店，買很多東西。

ｈｉｄｅ第一次看到後來他一直在收集的眼珠子飾品，也是在紐約市中心的格林威治村的商店。一九八〇年代的格林威治村，有很多刺蝟般的年輕人喜歡的商店、以及藝術化的個人商店，是很受歡迎的地區。其中有間特別老舊的小飾品店，飄散著不同於周遭商店的氛圍。ｈｉｄｅ在街上閒晃漫步時，對擺在櫥窗裡的一只用義眼作成的戒指一見鍾情。當時，在日本買不到用真的義眼作成的飾品，所以ｈｉｄｅ覺得很稀奇，一直盯著那只戒指。白髮的店主說：「戴這個義眼的人度過了非常不幸的一生，所以持有這個戒指的人就不會再不幸了。也就是說，會活得很幸福。」把關於戒指的小故事告訴了ｈｉｄｅ。可見是把真的有人用過的義眼拿來做成飾品，不知道該說是荒誕還是低級品味。但是，ｈｉｄｅ很喜歡就買下來了。因為太喜歡那只戒指，所以不論走到哪，ｈｉｄｅ都會收購眼珠子的飾品，但是，帶有不幸者實際戴過的傳說的真義眼戒指，還是他最愛的寶物。

專輯中的一首曲子《紅》，沒有做特別宣傳，卻在有線爆紅，所以臨時發行單曲，並登上排行榜第五名。成員們在巡迴演唱地方的居酒屋，第一次聽到有線播放的《紅》，激動不已。ｈｉｄｅ在完全意料之外的地方聽到他們自己的曲子，也不由得大叫：「不會吧！」接著，《ENDLESS RAIN》首登第三名，X的快攻可說是無止無盡。也在「Music Station」、「All Night Fuji」等主流電視節目演出，從此X成為電視音樂節目的常客。獲得日本有線大賞最優秀新人賞、全日本有線大賞最優秀新人賞、ORICON 一九八九年度 Record Sales Single 新人部門第一名等許多獎項。全都是搖滾樂團至今沒有得過的獎項。

第三張單曲《WEEK END》也跟《紅》一樣，是以成員各自的特寫作成宣傳錄影帶。這首曲子是 Rock and Roll 調的快節奏樂曲，歌名是「週末」與「終末」的複合字，歌詞是以自殺為主題。為了呈現沉重歌詞的世界，錄影帶是TOSHI之外的所有成員，都各自選擇一種方法死去的驚悚內容。YOSHIKI是割腕自殺，漂浮在血海中。PATA是飲酒過度。TAIJI是槍殺。hide是破壞房間裡的鏡子，發狂而死。hide的破壞鏡頭，一次就拍攝成功了，當導演喊「cut」時，他還繼續敲打鏡子，卯起勁來演得非常熱烈。自己的畫面拍完後，他看著剛拍完的影片說：「喔，起了雞皮疙瘩！」對影片的完成度非常滿意。在這卷錄影帶中，hide難得彈了雙頸吉他。因為是Jimmy Page（齊柏林飛船的吉他手）愛用的吉他，所以很久以前就想彈彈看。實際彈才知道非常重，所以在錄影帶裡只有一個鏡頭。

《BLUE BLOOD》中還有一首hide作詞作曲的《CELEBRATION》，也製作了宣傳錄影帶。這首曲子並沒有成為發行單曲，是因為hide熱切希望製作影片而做了帶子。這時X已經接二連三發表暢銷歌曲，躋身「暢銷樂團」行列，所以企劃案也容易通過。拍攝前，hide以製作人的身分，與影片導演進行多次縝密的討論。作曲時腦中就已經有了影像，歌詞又簡單明瞭，所以很容易把想像傳達給導演。約八分鐘的影片呈現雙重結構，開頭與結尾是短篇故事，樂曲的部分是想像歌詞的主題「灰姑娘」的宣傳影帶。迷戀X的女孩總是被媽媽罵，於是出現了扮成魔法師的hide，把扮成灰姑娘的YOSHIKI帶去了夢的國度。這樣的故事與X的激烈公眾形象相差懸殊，是融合搖滾與童話的作品。這是以ｈｉｄｅ少年時代的體驗為題材寫出來的歌詞，裡面有他想要傳達給很多人的訊息，那就是「不論保守的大人如何反對，Rock and Roll 的世界都非常精彩！」穿著女裝扮成灰姑娘的ＹＯＳＨＩＫＩ、扮成魔法師念著台詞的ｈｉｄｅ，都是當時搖滾界的異類。在他們實現主流出道、躋身人氣樂團行列後，依然沒有改變總是追求新奇、異於他人的事物的作風。

《BLUE BLOOD》的第一首曲子，是放入《PROLOGUE（～WORLDANTHEM）》的曲子作為序奏。這首曲子是加拿大樂團 Mahogany Rush 的翻唱版，也經常在Ｌｉｖｅ開始時用來當作音效。低沉的男性聲音搭配這首曲子的旋律，一一介紹成員的名字。這首樂曲很適合用來開場，可以炒熱觀眾對即將開始的Ｌｉｖｅ的期待，長期以來都是Ｘ的Ｌｉｖｅ的特定音效。這個音效演出的想法，是出自很久以前就喜歡 Mahogany Rush 的ｈｉｄｅ。介紹成員的聲音，是ｈｉｄｅ經過變聲器變出來的聲音。

不論是Ｌｉｖｅ中的音效，或是Ｌｉｖｅ開始前在會場播放的背景音樂，很多都是ｈｉｄｅ作的或選擇的曲子。ｈｉｄｅ非常重視觀眾進入會場時，會場播放的背景音樂。當時，會場的背景音樂大多由工作人員準備，很少有音樂人會提意見或自己作背景音樂。但是，他會選自己喜歡的曲子，錄成一卷帶子，自己製作會場背景音樂的帶子。那種感覺，就像高中時把喜歡的曲子收集在一卷帶子裡，得意洋洋地借給朋友。然後，他會從舞台布幕的縫隙偷看觀眾席，看到觀眾隨著自己選的曲子起舞，就會很開心。

八月，X在大阪的 Live House，以「大魔神五人組」的名稱舉辦了神祕演出。所謂大魔神五人組，是X彼此角色互換的樂團名稱。hide當主唱，舞台上的名字是「Robo」。至於其他成員的角色與名字，TOSHI是鼓手名叫「Ochaluchan」、TAIJI是吉他手名叫「Himalayan 五郎」、另一個吉他手是YOSHIKI名叫「Jon」、貝斯手是PATA名叫「González 書記長」，全部都是嘲弄人的舞台名字。演奏的曲子是 T. Rex 的《20th Century Boy》，hide以怎麼聽都像裝出來的硬質聲音演唱這首歌。這就是他後來開始個人活動時，傷透腦筋的「唧唧聲」的原點。不過，在大魔神五人組當主唱只是小小遊戲，所以，當時的hide是在舞台上到處亂跑，唱得很開心。這個大魔神五人組，偶爾會在活動或X的Live（竟然也在東京巨蛋Live的安可曲演出！）中演出，讓觀眾開心。

九月開始這一年的第二次全國巡迴演出，各地都是盛況空前，YOSHIKI卻在這時候出現異狀。他的打鼓模式特徵是非常高速的雙大鼓，加上邊左右大幅搖晃上半身邊擊鼓的激烈敲打。然而，緊湊的行程早已讓他積勞成疾，終於導致過勞性神經循環無力症發作。他在十月二十三日的澀谷公會堂Live中倒下去，那之後的Live因此全部延期了。

因自己的關係而導致X的巡迴演唱延期，YOSHIKI非常自責，痛苦不堪。經過長期的磨練，終於實現主流出道，樂團開始爬上通往成功的階梯，卻在這個時機發生了這種事，令他懊惱不已。心情陷入谷底的YOSHIKI，把自己關在家裡不出門了。不能打鼓，但還勉強可以度過日常生活的狀態，讓他更加煩惱。他怕外出時，歌迷看到他那個樣子，會不會對他說：「巡迴演唱延期了，但你不是還過著跟平常一樣的生活嗎？」想到這樣他就沒辦法外出。

為了替這樣的YOSHIKI稍微打打氣，hide策劃了聖誕舞會。即使罹患不能打鼓的疾病，連聖誕夜都一個人待在家裡也太寂寞了。hide自己找餐廳，預約好後到處邀朋友說：「我想鼓勵YOSHIKI，所以露個面吧，一下下也好。」十二月二十四日晚上，將近二百個朋友聚集在目黑的餐廳。原本猶豫要不要出席的YOSHIKI敗給hide的熱情邀約，去了舞會。沒有人告訴YOSHIKI舞會的真正目的，但是，YOSHIKI隱約察覺到舞會的目的，對hide心存感謝。hide對這樣的YOSHIKI說：「聖誕夜竟然可以聚集這麼多人，可見我們的朋友都很沒人緣。」博他一笑。

因為本身徹底做好自我管理，再加上hide等同伴的支持，YOSHIKI的症狀順利好轉。接著，便在舉行因Live中昏倒而中斷延期的澀谷公會堂的替補公演前，發布了將在日本武道館舉行YOSHIKI復活Live的消息。這種事也是前所未聞。澀谷公會堂的空間約可容納兩百人，武道館的空間約可容納一萬人。也就是說，要在替補公演前，臨時在五倍大的會場舉行復活Live。而且，這還是X的首次日本武道館公演。由此可見他們的人氣如何加速攀升，同時展現X絕不放過任何機會的活力。X的活動總是伴隨著麻煩和意外，當時甚至出現「X就是不會平安無事地結束」這種不吉祥的話。但他們擁有不屈不撓的精神，可以把任何意外、負面的事，都當成成長的糧食。YOSHIKI復活的首次武道館公演是二月，第二次的武道館公演是在那之後的五月，而且這次是二天。簡直像翻倍遊戲般增加觀眾動員數的X，所向無敵，人氣無止無盡地暴漲。

隨著X逐漸成長為當紅樂團，hide身邊也出現了目不暇給的變化。一天之內要應付好幾本雜誌的採訪、在好幾家攝影棚輪番拍照攝影。要上電視音樂節目，跟不久前才在螢幕上看到的偶像明星或人氣歌手一起演出。歌迷會擠在Live會場及的電視台後台入口處，對著hide的一舉一動尖叫。每天都會被介紹認識新的人，看了也不知道是誰的名片越來越多。不可思議的是，在這種怒濤般的生活中，hide本身的生活模式並沒有改變。在X的工作結束後，他一樣會跟無話不談的朋友結伴去喝酒。一起玩的同伴、城市、商店，都沒有很大的改變，他對工作人員和朋友的態度也不曾改變。hide很喜歡出道前住的阿佐谷城市，搬到其他城市後也經常會去以前熟悉的店。即使在都心的電視台或錄音室有工作，也絲毫不戀棧繁華的鬧市，會特地搭計程車去阿佐谷。X的東京巨蛋公演的第三攤慶功宴，也是選在阿佐谷的居酒屋。前兩攤都是選在都心高尚雅緻的飯店酒吧，後來他說去他常去、熱鬧嘈雜的居酒屋會比較自在，就帶著朋友們搭好幾輛計程車去了那裡。不論周遭多麼吵嚷，hide本身都像待在強颱的颱風眼裡，維持著跟以前一樣的姿態。

「再去一家吧！」這是去喝酒要往下一家移動時，hide的慣用語。跟他親近的人，應該沒人沒聽過這句話。聽過一百次以上的人恐怕也不少。hide一開始喝酒，就很難停下來。別說是第二攤了，還會有第三、第四攤。酒宴一直持續到天亮、太陽升起，也不稀奇。大家難得相聚共享歡樂時光，說「回去吧」就各自回家，總覺得傷感。所以，他不會自己結束酒宴，有一起喝酒的朋友要先離開，他也會想盡辦法留住。「明天早上要早起」之類的老套藉口，對hide完全沒用。如果還是要離開，hide就會把他們的包包、鞋子藏起來，使出各種方法阻止。那時候的hide的表情，就像惡作劇的頑皮少年那般天真。

「現在馬上過來！」他也經常這樣打電話把朋友叫出來。住在阿佐谷附近的朋友就不用說了，連住得比較遠的工作人員、朋友，他都會不分時段隨時把他們找出來。他也曾用演戲般的口吻說：「松本先生找你，請馬上過來。」不等對方回答就把電話掛了。還不只一、兩次，被怎麼請也請不來店裡的朋友逼急了，就在深夜跑去人家家裡接人。然而，這麼熱情地把找人出來，其實也沒什麼特別的事要談。在別的地方喝酒的PATA，敗給hide的死纏爛打而不得不來，結果當晚hide只說了一聲「嗨」，其他什麼也沒說。PATA百思不解：「這傢伙找我來做什麼？」其實hide有個擾人的毛病，就是只要想找的人來自己所在的店就心滿意足了。

後輩樂團LUNA SEA的成員，也經常被hide找出去。當時還沒有手機，所以，除非是在固定辦公室工作的人，否則很難找到人在哪裡。hide在找想找的朋友時的熱情非常驚人，會動員所有工作人員使用所有方法搜尋。不論是在攝影棚錄影或是在電視台錄節目，都一定會被hide找到的LUNA SEA的成員，都笑說：「hide哥的搜尋能力跟蛇一樣。」但是，只要hide找他們，即使是深夜他們也會飛奔而去。

這麼喜歡喝酒的hide並不是喜歡酒，而是喜歡跟朋友在一起觥籌交錯的現場氣氛。他天生的酒量並不好，是喝酒的機會越來越多，才鍛鍊得越來越好。PATA被hide稱為酒的師父。X的同伴們都喜歡一口喝乾大杯啤酒，喝酒的方式都很粗獷，但

ＰＡＴＡ無論去哪裡，都不會打亂自己的步調。他不喜歡又吵又鬧地一口喝乾啤酒，是那種靜靜地喝兌水威士忌的類型。ｈｉｄｅ剛認識ＰＡＴＡ時，曾問過他：「除了啤酒外，什麼酒好喝？」他說出了他喜歡的酒。ｈｉｄｅ覺得ＰＡＴＡ的飲酒方式很帥，但自己一喝酒還是會大吵大鬧。

花很長的時間喝酒時，ｈｉｄｅ都會說些什麼呢？偶爾會對後輩音樂人說教，有時也會說嚴肅的話，但基本上都是鬧鬧嚷嚷地說起笑話來。他不喜歡酒席太安靜，所以現場快安靜下來時，他會率先提供開心的話題，炒熱現場的氣氛。這時候，ｈｉｄｅ的方針是「有趣的謊言勝過無聊的事實」。他有好幾個話題，可以讓現場所有人都參與，讓大家都捧腹大笑，例如有名的「ｋｙｏ摩西事件」。出現在橫須賀車站的ｋｙｏ，外型誇張得嚇人，四周的人都被嚇得讓出一條路，就像摩西分海開出道路。ｈｉｄｅ會比手畫腳，誇張地說這個話題。不管聽過幾次，周遭的同伴們還是會大爆笑。在酒席上，ｈｉｄｅ也會充分發揮在Ｌｉｖｅ時對觀眾的服務精神。

有不少關於ｈｉｄｅ喝酒的小故事。例如，他會為了得到周遭人的關心而變成「自虐君」、會拉著朋友說要去哪裡、會在半夜的路上踢罐頭、會在黎明的公園做收音機體操。基本上，都是喜歡和朋友熱鬧喧譁地快樂飲酒，但一不小心啟動了開關，就會發酒瘋鬧事。變成這樣就麻煩了，他會跟人吵架、會破壞東西、有時還會傷到自己，這就是

「hidera（註：來自怪獸hidora）」模式。hidera會在什麼狀況、什麼時機出現，誰也不知道，更糟的是隔天hide清醒後，完全不記得當時發生的事。工作人員只能在心中祈禱「今天不要出現hidera」，遠遠看著hide跟同伴們快樂暢飲。

X在大阪城展演廳，結束了延期（*1）的巡迴演唱會的最後公演。這次的巡迴演唱會中途中斷，所以延遲了六個多月。終於順利結束，可以安心了，所以他們在會場舉辦的慶功宴上，盛大地潑啤酒慶祝。看到成員哭著發表演說的感動場面，hide不由得有些落寞，心想：「啊，真的結束了呢。」在巡迴演唱中都過著規律的生活，身體狀況不錯，所以也是有點擔心再回到平時的不規律生活。

其實，這次的巡迴演唱，不只YOSHIKI發生意外。巡迴演唱第一天是在浦和文化中心舉辦Live，在那天的前一天，hide的右手背骨折。他不當一回事，覺得「沒怎麼樣」，右手卻在Live中越來越腫，到Live後半已經腫到跟哆啦A夢的手一樣了。不可思議的是，在彈吉他時都沒有感覺，到Live結束時才發現非常疼痛。這個傷的原因是自作自受（因為hidera），原本還擔心能不能繼續巡迴演唱，幸好走完了全程，hide也鬆了一口氣。

之後，X為了準備錄製新專輯，宣布停止活動。當時出道才一年二個月。儘管出道專輯和三張單曲都大賣，這個宣布還是惹來非議，有人說：「還是新人的X樂團，怎麼可以這麼快就為了製作作品而停止活動？」然而，出道後一直被緊湊行程追著跑的他們，也擔心YOSHIKI的身體狀況，希望可以花更長的時間不慌不忙地專心製作專輯。最後決定長期滯留洛杉磯，進行專輯錄製。赴美之前，他們先在河口湖的錄音室進行作曲合宿，打算準備周全再赴美。但是，PATA的身體出現狀況，延後出發。另外也遇上了種種麻煩，等他們終於動身前往洛杉磯時，已經十一月了。

在洛杉磯，他們住進了離市中心有點遠，給長期住宿者專用的獨棟公寓。幾棟獨棟公寓散布在廣大土地的中央，用地內還有諸如游泳池、網球場、健身房、按摩浴缸、7-11等休閒場所。但是，剛到洛杉磯，hide就感冒了，一直好不了。他去醫院時，正好打鼓時倒下來的YOSHIKI也被送到同一家醫院。痛得滿地打滾的YOSHIKI大叫著：「砍斷我的手！」目擊這個嚴重狀況的hide嚇得啞然失言。診斷結果出來，被醫生禁止打鼓一個月。因此，他們考慮先進行YOSHIKI以外的成員可以處理的作業，沒想到其他成員的身體也一一出了狀況。TOSHI好不容易把重度時差調回來，喉嚨卻又出了問題，嚴重到思考要不要動手術的程度。PATA的身體狀況也是一進一退，TAIJI也因為牙痛必須去看牙醫。他們來洛杉磯是為了錄唱片，卻不是往錄音室跑而是往醫院跑。當地的召集人看到他們那樣子，不禁唉聲歎氣，心想：「這些人到底來洛杉磯做什麼呢？」

成員在洛杉磯一直無法開始錄音的這段期間，在日本展開了X的影片演出（*2）。在全國展演廳舉辦四十二場公演，各地門票都搶購一空。使用實際Live般的音響和特效，重現X舞台的Film Gig，儘管本人不在場，還是盛況空前。對著Vari lite（最尖端的照明技術）和雷射光線閃爍、噴出煙火的螢幕，發出歡呼聲、一起唱歌、跳「X Jump」的歌迷們熱情十分驚人，許多雜誌也報導了這則消息。本尊不在、不能做宣傳的這段期間，X的人氣也一點一滴地滲透到日本列島的每個角落。

成員中最早復原的hide，思考著：「從自己一個人也能做的事做起吧。」一來是想提振因連串意外而意志消沉的成員的士氣，二來是希望YOSHIKI可以參加錄音時，能稍微減輕他的負擔。首先想到的是，先錄製自己作曲的《Love Replica》。hide在錄音時，最在意的是打三拍子節奏的打擊樂器的聲音。他想要的是硬質金屬聲的錘打聲，所以拿著鐵鎚把錄音室、走廊、停車場裡的東西都敲過一遍。做過各種嘗試後，發現敲擊大垃圾桶的聲音最符合曲子的形象。他馬上把在錄音室的美國人工程師找來，請他把那個聲音錄下來。X的第三張專輯《Jealousy》的工程師，為了錄製這張專輯，第一件事就是應hide的要求，把大垃圾桶搬進錄音室。

《Jealousy》收錄了《Love Replica》、《Miscast》、《Joker》三首由hide作曲的

曲子。只有法文旁白的《Love Replica》之外的二首曲子，都是在洛杉磯的ｈｉｄｅ房間，進行ＴＯＳＨＩ的演唱錄音。Ｘ的錄音，是由作曲者擔任演唱指導。ｈｉｄｅ的錄音方式與追求完美的ＹＯＳＨＩＫＩ有一百八十度的不同，比較不拘小節。他讓ＴＯＳＨＩ自由地演唱，選擇注重節奏與情感。不管聲音破音或沙啞，他都覺得很好，大膽地一一收錄。ｈｉｄｅ也很會安撫因喉嚨狀況不好而變得有點神經質的ＴＯＳＨＩ，從頭到尾都很用心，讓他可以悠閒自在地唱歌。

邁向日本音樂界的頂點

ｈｉｄｅ在洛杉磯最喜歡的食物，是當時還沒進軍日本的「SUBWAY」的三明治。總而言之，就是很大、份量充足。裡面的食材、種類也多，每一種都很好吃，ｈｉｄｅ尤其喜歡加了蟹肉棒的三明治「Seafood & crab」。有工作人員從日本來，ｈｉｄｅ就會說：「去Sub吧、Sub。」親自帶他們去Subway。

剛到洛杉磯時，ｈｉｄｅ也非常享受牛排、漢堡、墨西哥捲餅等美國風味的飲食。但是，住久了還是會想念日本的食物。外食的時候，大多會去日本的料理店……應該說是居酒屋，購買日常食品時也不會去街上的超市，而是去市中心的八百半超市。有時他會自己做早餐請工作人員吃。hide做的早餐，有鹽烤鮭魚、加沙拉醬的煎蛋、味噌湯、泡菜、米飯，就是松本家的早餐。母親傳授的調味也非常可口，在工作人員之間大受好評。

可能是從小學英文的關係，hide在語言上沒有任何障礙。跟美國人工程師也是各說各的母語，卻都能溝通。在觀光上，只有剛來洛杉磯時跟TAIJI去過遊樂場，幾乎沒去過其他地方。因為前一年也來過，基本上的觀光都在那時候去過了。Live去看過兩次《Jane's Addiction》，大受感動，覺得「精彩到不像是這世間的演出！」其他也看了融合音樂吉他手 Lee Ritenour 的Live，但暖場秀是類似相聲的搞笑談話，實在聽不懂，hide跟一起去的工作人員都傻住了，但還是跟著笑，假裝聽得懂。

由小時候的朋友YOKO率領的UNITED，來洛杉磯參加活動。臨時決定除了參加活動外，也在 Live House 演奏。但是，因為沒有宣傳，所以會場完全沒有觀眾。剛開始在二樓位子看的hide，無法忍受觀眾區都沒有觀眾，便中途跑到觀眾區，一個人跟著音樂律動看表演，希望這樣多少可以支持類型不同但一直在圈子裡奮戰的同伴。

年底，在公寓中庭舉辦聖誕節舞會。成員的身體狀況一直不太好，所以工作人員為了讓大家開朗起來而策劃了這個舞會。玩得太開心，鬧過頭的hide，一不小心又變成了「hidera」，把游泳池旁的長板凳都拋進游泳池裡。然後，一個人對著大招牌怒吼：「喂，不要站在這種地方啊！」、「不要一副跩樣！」接著毆打招牌大叫：「喂，回我話啊！」最後大喊：「痛痛痛……」那之後，是覺得這樣下去不行的女性工作人員，換上泳衣，把hide拋下去的長板凳從游泳池裡撈上來。看到這個光景的hide，突然安靜下來，向女性工作人員道歉說：「對不起。」一副垂頭喪氣的樣子。

因為喜歡靈異節目，所以他也曾刻意在半夜去危險的區域。X的成員是住在比較安全的區域，但是，搭車上高速公路去市中心附近，就有一大片《惡靈古堡》般的世界。想看恐怖畫面的hide，才剛下車就有一群人像殭屍般零零落落地走向他。感受到死亡危險的hide，「唔哇哇啊哇～」地唱起莫名其妙的歌，跳著奇怪的舞向他們走去，受到驚嚇的殭屍們就四處逃竄了。這時候，hide學到了一個教訓（？），那就是「遇到危險的人，就把自己變得更危險」。

一九九一年七月，X的第三張唱片《Jealousy》發售，一推出就榮登ORICON第一名。之後，展開只巡迴體育場（*3）等級的全國巡迴演唱，在中間階段舉辦了第一次的東京巨蛋公演。可容納五萬人的東京巨蛋的門票搶購一空，場外滿滿都是買不到門票的歌迷。當時，看到放眼望去全都是人的會場，hide說：「剛開始並沒有『這是東京巨蛋呢！』的感動，直到後半場唱《オルガスム（Orgasm）》時，突然看到舞台後面的螢幕，發現密密麻麻的觀眾席宛如一片地毯，才覺得很壯觀。」驚訝不已。而且，實際站上舞台的那一刻，他就切身感受到五萬人的能量，心想：「沒有堅強的實力還真應付不來。」對Live更繃緊了神經。這一天，也聚集了很多從獨立時代就認識的樂團同伴，來慶祝X的第一次東京巨蛋。

對X來說，東京巨蛋可以說是「主場」的會場。從第一次的東京巨蛋公演，到一九九七年的最後一場Live，他們總共在這個會場舉辦了十三場Live。在主流出道後的二年四個月後，就賣光東京巨蛋的門票，在當時是最快的紀錄，國內藝人連辦三天Live，他們也是首創。出道前，有很長一段時間，大家都把目黑鹿鳴館視為他們的主場，他們卻從那裡一舉衝上了東京巨蛋，令人驚嘆。

X隸屬於主流唱片公司後，YOSHIKI成立的EXTASY Label，依然以獨立樂團的唱片公司的身分散發著存在感。X的成員和工作人員也都參與了唱片公司的營運，成員也都會盡可能參加所屬樂團的Live，與其說是公司，其實更像是一個大家庭的組織。hide自詡為「EXTASY的星探部長」，發現有希望的年輕樂團就介紹給YOSHIKI。hide介紹自己喜歡的樂團或曲子，若對方也喜歡他就非常高興。國中時，他曾給母親聽吻合唱團的敘事歌《Hard Luck Woman》，母親說「是首好歌」，從那時候起，直到後來他從自己的唱片公司「LEMONed」發行喜歡的樂團的作品，自稱為收藏家為止，都是一貫的態度。

hide最先介紹給EXTASY的是，以橫濱為中心演出的ZI:KILL。hide迷上他們的音樂性，跟成員也都是好朋友，經常一起行動。接著，是一九八九年在町田成立後人氣直線上升的LUNA SEA。經朋友介紹去看Live的hide，非常喜歡他們，向很多關係人士介紹說：「這個樂團絕對會壯大。」這兩個樂團後來實現主流出道，成為業界樞要，大顯身手。由此可知，hide發掘有才能的樂團的天線，從那時候起就有多麼敏銳。此外，GLAY、及TOSHI的Roadie、工作人員所屬的TOKYO YANKEES、LADIESROOM，也都是經由EXTASY RECORDS踏上了主流之路。接二連三發行有希望樂團的CD的EXTASY RECORDS，被稱為「通往主流的登龍門」，成為業餘樂團的憧憬。

此外，EXTASY RECORDS還定期舉辦活動，取名為「EXTASY SUMMIT」。第一次辦活動是在X還是業餘時的一九八八年，地點是大阪Bourbon House與目黑鹿鳴館。接著，在鹿鳴館辦過好幾次後，又在澀谷公會堂、日本武道館、大阪城展演廳連辦好幾次，會場的規模越來越大。在EXTASY SUMMIT上，很喜歡節慶的hide也會炒熱活動。除了X和大魔神五人組外，他也會半途闖入TOKYO YANKEES的舞台、參加Session Band，展現三頭六臂的活躍。當然，不只在舞台上，在後台、在慶功宴上，他也經常是樂團同伴的中心人物。

EXTASY RECORDS 跟一般唱片公司不一樣，是由音樂人經營、工作人員也大多是音樂人的特殊公司，所以公司內部的氣氛也很獨特。是在上下關係、禮儀方面非常嚴格的縱向公司，在當時的音樂業界甚至被稱為「EXTASY系」。身為老闆的YOSHIKI，其強烈領袖魅力與實行力是公司的原動力，其中支持YOSHIKI的hide的存在也很巨大。hide不僅是前述的星探部長，更是EXTASY RECORDS中大哥級的存在，是隸屬於公司許多音樂人的仰慕對象。hide總是費盡心思，讓同伴之間可以融洽溝通，YOSHIKI把這樣的他稱為「EXTASY之母」。

長年擔任YOSHIKI的Roadie的George所屬的樂團LADIESROOM，在決定主流出道時發生了一件事。YOSHIKI看到LADIESROOM繼X之後人氣不斷攀升，非常關心他們的動向。George卻因為怕YOSHIKI擔心，想在與主流唱片公司之間的交涉完全結束後再向他報告。然而，在狹窄的音樂業界，「聽說LADIESROOM跟主流唱片公司簽約了」的消息，傳入了YOSHIKI耳裡。「為什麼沒向我報告呢！」YOSHIKI非常不高興。George知道後也意氣用事地說：「會為這種事生氣的老大，不要也罷。」hide了解他們兩人之間的信賴關係，希望能設法讓兩人和好，就隨便找個藉口把他們找來同一家居酒屋，做好事前準備讓他們兩人言歸於好。因為hide做吵架仲裁而和好的同伴，不只EXTASY的音樂人，還包括許多樂團人、工作人員等，人數相當多。

有一次，ｈｉｄｅ在拍攝Ｘ的Ｌｉｖｅ的錄影帶裡，看到演出結束後一個人默默收拾器材的George身影，感動地說：「多麼認真工作的小子啊！」又說：「有這麼努力的小子在經營，LADIESROOM一定會成功！」把已經不用的SAVER TIGER的器材車大方送給了他。LADIESROOM的成員當然很感謝ｈｉｄｅ，然而，沒多久就發生撞上電線杆的意外，成了廢車。George作好「一定會被ｈｉｄｅ罵」的心理準備，去報告這件事，ｈｉｄｅ卻說：「沒關係、沒關係，幸好沒受傷，太好了。」George看到他的笑容，心想：「很慶幸他是ＹＯＳＨＩＫＩ的搭檔。」

「我會處理所有事，ＹＯＳＨＩＫＩ只要往前衝就行了。」這是ｈｉｄｅ常說的一句話。面對任何事都全力以赴的ＹＯＳＨＩＫＩ，很容易被人誤會，這時候，ｈｉｄｅ會替ＹＯＳＨＩＫＩ的情緒做解釋，努力解除別人對他的誤會。「根據ＹＯＳＨＩＫＩ使用說明書的第Ｘ頁……」他會夾雜這樣的玩笑，向許多關係業者說明ＹＯＳＨＩＫＩ的想法，還會正經八百地說：「我真的非常喜歡ＹＯＳＨＩＫＩ。」解散SAVER TIGER，想放棄音樂時，會推翻那個決心加入Ｘ，是因為在ＹＯＳＨＩＫＩ的才能上看到了可能性，同時也在他自由奔放卻非常吸引人的本性上感受到他的魅力。而ＹＯＳＨ

ＩＫＩ對ｈｉｄｅ也是絕對地信賴，不論是關於Ｘ或EXTASY的事，他都是第一個找ｈｉｄｅ商量。在私生活上，ｈｉｄｅ會幫ＹＯＳＨＩＫＩ挑魚刺、剝蟹殼，就像他的「母親」。兩人既是樂團的成員，也是無法取代的好朋友。

一九九一年十二月，在日本武道館舉辦 Film Gig，作為全國巡迴演唱（*4）的最後一站。在兩次安可後，成員們竟然驚喜出場。當然，這完全是祕密，所以觀眾都狂喜亂舞。幾天前，日本體育報曾報導「Ｘ解散」的新聞，ＹＯＳＨＩＫＩ在舞台上否認了這件事。之後，他們第一次參加了「ＮＨＫ紅白歌唱賽」。出道以來，他們參加過很多的歌唱節目，但是，紅白歌唱賽的重要性與其他節目不一樣。那是一年結束時，日本全國的家庭都聚在一起觀看的國民節目。視覺令人瞠目結舌的Ｘ，以激烈、美麗的音樂，更一躍而上成為當紅的國民樂團。

一九九二年，從新年開春的一月五日到七日，Ｘ在東京巨蛋舉辦了Ｌｉｖｅ。他們第一次在東京巨蛋舉辦Ｌｉｖｅ，是前一年的八月。距離短短五個月後的這一次Ｌｉｖｅ是三天，而且是日本藝人第一次在東京巨蛋連續演出三天。任誰都覺得，Ｘ的氣勢直衝雲霄，擋也擋不住。

然而，Ｘ在這場光輝的東京巨蛋天Ｌｉｖｅ結束後，再次停止了活動。因為貝斯手ＴＡＩＪＩ退出了。ＴＡＩＪＩ退出的事成定局時，ｈｉｄｅ一個人在常去的酒吧吧台哭泣。一年半前，在大阪城展演廳舉辦巡迴演唱結束的潑啤酒慶功宴時，TAIJI還高聲宣示：「我要死在這個樂團裡！」沒能阻止同甘共苦的同伴退出，hide自責地喝著苦酒。

X的下一張專輯，決定再去洛杉磯錄音。同時，他們也必須再找貝斯手。X發表，將透過甄選尋找新的貝斯手。「招募X的貝斯手！」的文字，躍然於音樂雜誌上，全日本的業餘貝斯手都說：「我將是X的新貝斯手！」眼神閃閃發亮。

在新貝斯手決定之前，hide個人想到一個開心的企劃，並付諸實行。就像喝酒後的「去哪吧」的模式那樣，喜歡帶領大家辦活動的他，在酒席上說：「來辦一場工作人員與音樂人互換角色的Live吧。」他說：「我們音樂人拚命演奏時，相關人員不是都坐在椅子上雙臂環抱胸前看著我們嗎？這樣不公平，所以我們要辦一場Live，讓舞台上只有相關人員，音樂人都坐在觀眾席邊喝啤酒邊看他們表演！」音樂相關人員當中，有很多人都有樂團經驗，所以要他們上舞台演奏，還是有很多人辦得到。工作人員查詢過後，找到代代木的 Live House 有平日的空檔。hide大喜，召集了演出樂團。有很多工作人員或相關人員無法拒絕hide的要求，所以很快找齊了演出的人。就這樣，舉辦了hide提案的不可思議Live。觀眾席上X等音樂人濟濟，hide坐在正中央喝著啤酒，開心地觀賞由工作人員演奏的Live。

對音樂圈的流行很敏感的hide，對於與硬搖滾完全相反的夜店圈也很有興趣。當時是迪斯可的全盛時代。在Juliana's Tokyo，會有穿著緊身衣、揮著扇子跳舞的女生，擠在舞池的台階上。hide一手拿著酒杯說：「好想在哪家夜店開舞會。」正好那場酒席上，有一位當時被稱為東京最前衛夜店的「芝浦Gold」的相關人士在場，所以事情很快有了眉目。以前就在電台說過「我想轉盤子」的hide，眼睛亮了起來，傾身向前說：「什麼時候可以去？」相關人士說：「十月左右如何？」hide逼向前說：「我想這個月去！」X的行程隨時在變，四個月後在做什麼、在日本還是在美國都不知道。起於hide突發奇想的hide's night，臨時決定在三個星期後舉辦。

店方擔心發布hide當DJ的活動，歌迷會蜂擁而至，所以希望等到時間接近時再宣布。hide很想早點告訴歌迷，但還是等到活動前一晚，才在現場直播的電台節目宣布。儘管直播時間是深夜，歌迷還是陸陸續續聚集在店前，一下子就排成了長龍。隊伍一直延伸到芝浦的橋上，震驚了周邊的居民。hide在晚上十點左右，完美地梳妝打扮後，走進DJ室，開始播放曲子。為了讓聚集的客人跳舞，他幾天前就絞盡腦汁選好了曲子。但是，都不是歌迷們熟悉的X的曲子，也不是知名的硬搖滾曲子。hide選的曲子是當時自己覺得最帥氣的Jane's Addiction、Nine Inch Nails、Ministry等，被稱為電子音樂、另類音樂、電子放克的最前衛音樂。但是，舞池的客人都只一勁地發出尖叫聲，注視著hide的身影，再怎麼挑動都不肯跳舞。hide是希望大家會隨著自己選的曲子翩翩起舞，結果卻跟他的想法完全不同。

「大家都不跳舞，太無聊了。」hide這麼說，遺憾地垂下了肩膀。那之後，化全妝的LUNA SEA、YOSHIKI、PATA等許多音樂人來到會場，舞池差點暴動。有了這次懊惱的經驗，hide開始擬定戰略，思考如何讓大家了解自己喜歡的音樂。

在辦甄選公開招募新貝斯手的同時，X也開始在私下尋找貝斯手。自詡為EXTASY星探部長的hide，透過自己的人脈網，四處尋找貝斯手的候選人。結果意外發現，身邊就有優秀人才，那就是HEATH。幾年前，hide透過朋友介紹，認識了當時還住在大阪的HEATH，一直深交至今。其實，HEATH也曾受hide之託，來幫忙寄送專輯《VANISHING VISION》，後來也曾加入因擔任hide的支援吉他手而大為活躍的KIYOSHI的樂團Media Youth。hide聽說HEATH將參加鹿鳴館的Live，也和PATA悄悄去看過。後來決定問他要不要參加試音。

久久一次打電話問：「最近如何？」HEATH回說：「還好。」問他：「知道X

最近的狀況嗎？」他回說：「知道。」所以，hide便以輕快的口吻邀他說：「我要進錄音室，你要不要來一下？」HEATH住在大阪時，hide就很照顧他，還介紹很多人給他認識，把他當弟弟般照顧，所以HEATH無法拒絕hide的邀約。沒多久，HEATH收到錄有五首曲子的錄音帶，就把那些曲子都學起來，為進錄音室那天作好準備。但是進錄音室的前一晚，hide說：「我在阿佐谷，你來找我。」約他出來喝酒。結果，當晚又喝酒又唱歌嗨翻了天，結束時已經是陽光刺眼的早上九點。分開時hide說：「今天要進錄音室，睡一下吧。」但是，HEATH住的地方有點遠，回到家後，只能小睡一個小時就要趕去錄音室了。在加入沒多久後的採訪中，HEATH說：「我是在宿醉中試音的。」其實，不是宿醉，是還在酒醉狀態中。

X的成員都很喜歡HEATH，但是，那時候他才剛以自己為中心讓樂團復活起來，所以，煩惱許久後打算婉拒加入。hide知道後，對他說：「那麼，你自己跟YOSHIKI說吧。」HEATH想表達自己的想法，就去了YOSHIKI家。結果，YOSHIKI邊放試聽帶，邊滔滔不絕地說著X的展望和預定，HEATH完全無法插嘴。「現在放給你聽的是下次要錄的曲子，共三十分鐘，加油。」HEATH自己也覺得不可思議，竟然回說：「我會加油。」然後，當時都快天亮了，hide、TOSHI、PATA卻都來了，大家一起舉杯慶祝。原來他們都是在家裡等YOSHIKI

的好消息。那之後，不知道為什麼大家一起去了母親牧場。那也是hide加入時，大家在黎明時一起去的地方。即便是在舉辦過東京巨蛋連三天的Live之後，他們喝完酒後的「去哪吧」模式依然健在。

HEATH成為新貝斯手已成定局，但還沒正式公布前，hide先把他當成朋友帶他去各個地方，把他介紹給相關人員。這就是hide貼心的地方，希望在發表他是X的貝斯手時，可以多少減少他的猶豫。要前往洛杉磯錄音時，HEATH沒辦法跟成員一起行動，早一步支身出發了。hide送他走時對他說：「像你這樣的人最容易受影響，說不定我們到的時候，你全身都是刺青了。」然而，第一次到海外的HEATH，並沒有那種餘力。

一九九二年八月，X在紐約的洛克菲勒中心六十五樓的彩虹廳，舉辦了宣布與國際級的唱片公司Atlantic Recording Corporation簽約的記者發表會。YOSHIKI向來就說：「要從事放眼世界的活動。」所以，跟CBS／SONY的契約到期後，就選擇了這家唱片公司作為新東家。記者發表會的會場是紐約歷史最悠久的飯店，會場聚集了來自全世界的三百多名的媒體人。當時，hide想像自由女神像的模樣，頂著有七個突起的花冠式髮型參加了記者會。同時，介紹了新的貝斯手HEATH，並宣布將樂團名改為X JAPAN，因為發現洛杉磯有同名的樂團。這次的樂團改名，也是為了展現即將進軍全世界的氣魄。

第二次的紐約之行，大約停留十天，除了記者會之外還有採訪和攝影，但時間上比較充裕。上次是住在價格公道的旅館，而且hide的房間還在半地下，住起來絕對不舒服，所以外出的時間難免比較多。這次住的是全部套房的高級飯店，但是，hide想盡情享受第二次的紐約，所以只要時間允許，不論白天或晚上都會去很多地方。他去搭了以危險聞名的地下鐵、去中央公園散步、爬上帝國大廈、也去了可以就近看自由女神像的渡船碼頭。

當時的紐約還有很多危險的地方，大家都告訴他尤其是地下鐵最好不要搭。但是，大家越說危險的地方，他反而越想去，這就是他的天性。繞巡觀光地時他都不搭計程車，刻意選擇召集人提醒他「很危險不要搭」的路線，抱著試膽的心情去搭地下鐵，享受那種樂趣。去上回買義眼戒指的格林威治村的飾品店時，告訴他戒指由來的老闆還記得他。看到他來非常開心，從店後面搬出堆積如山的眼珠子戒指，所以他又忍不住買了好幾個。

他把晚上稱為「夜店活動」，每晚在各家夜店出沒。即使是位於危險地區的夜店，只要聽說很受歡迎，也會迫不及待想要去。即使剝削睡眠時間，也要逛遍所有最前衛的夜店。

Limelight是由教會改建的夜店，光聽到「由教會改建」的解說，ｈｉｄｅ就覺得應該是自己會喜歡的歌德式夜店，非常期待。教會裡有很多小房間，就像一座迷宮。「這裡會是什麼呢？」ｈｉｄｅ興致勃勃地走動探險。Limelight與鄰接的四層樓建築有條小通道相連結，那邊是名叫Shampoo的同志夜店。Shampoo比Limelight更昏暗，充斥著狂熱的氛圍。場地裡的客人都是一身戀物癖裝扮，展現出黑暗的非日常空間。來觀光的ｈｉｄｅ幾個日本人，在那當中十分醒目。這間夜店每上一層樓，濃濃的情調就會更濃，被那種情趣震懾的同伴都說：「差不多該走了。」ｈｉｄｅ卻說：「難得來一趟，爬到最上面那層樓吧。」完全不聽他們的話。他邊欣賞穿著各式各樣的服裝沉浸在舞會裡的人們，邊坐在四樓的吧台心滿意足地喝著啤酒。但是，走出夜店後才知道，除了ｈｉｄｅ以外的所有人，都被其他客人搭訕了。「咦，只有我沒被搭訕？為什麼、為什麼？」這麼說的ｈｉｄｅ顯得非常懊惱。

ｈｉｄｅ找ＨＥＡＴＨ去百老匯看《歌劇魅影》時，一身灰白格子的西裝、搭配成套的帽子，穿得非常時尚到劇院。他聽說那是要穿正式服裝才能進去的高級劇院，所以盛裝打扮才來的。ＨＥＡＴＨ看到他那身可以說是全場最醒目的裝扮，都看到傻眼了。去看ＴＯＳＨＩ主演的舞台劇《哈姆雷特》時，他也是纏著奇特的頭巾、戴著奇怪的墨鏡、穿著比誰都醒目的衣服去。然後說：「我今天是觀眾，所以變裝打扮讓歌迷認不出是我。」TOSHI大笑說：「有這麼醒目的變裝嗎？」必須穿著正式服裝或精心打扮才能去的地方，都是hide發揮個性化時尚品味本領的場所。HEATH被當時看的舞台劇打動，在Solo Corner的音樂中使用了《歌劇魅影》的主題曲。

這一年的除夕夜，X第二次參加「NHK紅白歌唱大賽」，演奏了大暢銷的《紅》。而且，除了擔任白組的樂團演奏之外，並與YOSHIKI共同為紅白的主題曲《TEARS～大地を濡らして（TEARS～DAICHI WO NORASHIDE）》作詞作曲。所有參加紅白的歌手，都配合由YOSHIKI彈奏的NHK展演廳的管風琴大合唱。大牌演歌歌手、資深演唱者、年輕偶像團體等代表日本的歌手，齊唱《TEARS》是壓軸表演，也是X登上日本音樂界頂點的瞬間。

不僅音樂歌迷，X的名字還廣泛滲透到一般人之間，甚至被稱為一種社會現象。

第4章

我不需要等身大的自己

X在洛克菲勒中心召開記者會前，TOSHI一個人先去了洛杉磯，拍攝個人出道單曲的宣傳影帶。X被稱為怪物樂團，各個成員的人氣都很旺，所以個人活動的邀約也非常多。其中最多的是TOSHI，於是他採取跟X的TOSHI不一樣的方式，展開了個人活動。他自己作詞作曲，以一名歌手的身分表現自己的音樂。

當然，hide也收到了個人的邀約。但是，他慎重考慮後，覺得很難點頭說YES。像X這種成員的個性都非常鮮明的樂團，進行個人活動是多麼危險的事，hide非常清楚。對樂團有幫助的活動才有意義，他不想做導致樂團崩壞的個人活動。事實上，他也看過很多樂團因成員的個人活動而瓦解。

不過，hide還是試著以其他方法來表現自己，例如寫真集。到目前為止拍過不少宣傳照，挑戰過多不勝數的視覺，但是，他想做到比那些更好的表現。這麼想的他，自己總策劃製作了第一本（*5）寫真集《無言激》。hide說：「很多人認為，所謂的寫真集就是『請看我的裸體』，但是，我正好相反，我不需要等身大的自己。我想做的是能感受到對照性的寫真集。」在第一次的會議上，他就把自己的決心告訴工作人員，完成了非常勞神費力的寫真集。

目次分成九章，由九種情境的照片構成。除了實錄色彩濃厚的「Live」章和「Back Stage」章以外，都有明確的構想，髮型、化裝、服裝上的小細節也都做得非常精細。而且，都是非日常的情境，為了具體呈現那樣的感覺，hide本身和攝影工作人員也都吃盡了苦頭。

封面是hide抱著嘴巴被抹去的嬰兒的照片。封底是同一張照片，但抹去了hide的嘴巴。「俗神佛」章是在hide的臉和身體抹上金箔，拍攝佛像意象的民族特色照片。抹上金箔，皮膚會沒辦法呼吸，所以考慮到hide的身體狀況，成為與時間作戰的壯烈攝影現場。「雙生」章是蛇鱗覆蓋半邊臉的蛇人。負責髮型、化裝的人，進行長時間的精密作業，用蛇鱗覆蓋hide左邊的臉，還使用了活生生的蛇、蠍，變成驚險的攝影。在「舞枯」章，hide穿著嬌豔的和服，時而彈琴、時而用手指抹鮮紅的嘴唇，露出妖豔的表情，最後以日本刀刺脖子的衝擊性照片做結尾。其他章，有單眼和嘴巴被塞住且被醫療器具困住的「性虐待狂的憂鬱」章、被塑膠繭包住且懸空綁在鐵柵欄上的「自我本位靜物」章、全身長出金屬製管子的「淨化」章，簡直就是一連串視覺震撼的照片。各章並登載hide的散文，是非常值得一看的寫真集，hide當下的藝術志向、想表現的世界觀都被凝縮在內了。在「淨化」章，ｈｉｄｅ強烈投射出放在首張個人專輯《HIDE YOUR FACE》封面上的自己所敬愛的藝術家H.R. Giger的世界觀，而外景拍攝是在當時位於都內的 Giger Bar 進行。

攝影是攝影師、造型設計師、髮型化裝師、設計師、編輯之間的較勁戰爭，彼此不妥協的充滿緊繃感的場景一再出現。但是，ｈｉｄｅ風格絕不僅止於這樣。決定在靜岡縣濱松的沙丘拍攝「鍵」章時，ｈｉｄｅ說：「既然要去，就提早去住溫泉旅館吧！」又出現了平時的興致。在前一天到達濱松的溫泉旅館的攝影隊一行人，隔天要早起攝影，所以宴會在傍晚很早的時間就開始了。責任編輯為了讓ｈｉｄｅ早點睡，很早就開始舉辦宴會，然而，這種理由對ｈｉｄｅ根本說不通。從頭到尾都很興奮的ｈｉｄｅ，在旅館裡到處跑，一直喧鬧到深夜。

ｈｉｄｅ到黎明時才安靜下來，但當天還是一大早就加入了攝影，幾乎沒有睡覺。因為睡眠不足，所以等待的時間都在發呆，但是，一聽到「開始拍攝」的叫聲，就像變成另一個人，精力充沛地投入攝影。明明圖畫分鏡裡沒畫，他也會自己跳進嚴冬裡的大海、或跌進好幾公尺深的沙丘洞裡。寫真集的標題《無言激》，是ｈｉｄｅ最拿手的造語，把「無言劇」的漢字變更了一個字。

平時就很在意視覺的ｈｉｄｅ，認為「照片重要的不是四角框框裡的人，而是連四角框框都很重要」。最重要的是透過照片能表現什麼、能傳達什麼，而不是讓自己看起來有多好看。當時發行的雜誌非常多，全新拍攝的次數也非常多。一天完成好幾個攝影是家常便飯，也曾經在隔壁攝影棚同時安排其他雜誌的攝影，在兩個攝影棚來來去去拍攝。不論拍攝行程有多滿，ｈｉｄｅ也絕不鬆懈，會認真思考每一個創意。與責任編輯仔細討論、講究髮型化裝、更換衣服，把每張照片都當成是自我表現的作品，總是認真以對，這就是ｈｉｄｅ的原則。

ｈｉｄｅ很喜歡突然闖入好友音樂人的Ｌｉｖｅ，也很喜歡臨時組成樂團演奏。曾經闖入 TOKYO YANKEES、ZI:KILL 的Ｌｉｖｅ、以無敵樂團或大魔神五人組在 EXTASY SUMMIT 上演奏，也曾與ＬＵＮＡ ＳＥＡ的ＳＵＧＩＺＯ和真矢臨時組成名叫 Jazva 的臨時樂團，翻唱 The Damned 及 David Bowie 的曲子。

這樣的ｈｉｄｅ第一次組成正式的團體，製作原創聲源，是名叫 M×A×S×S 的團體。成員有ＬＵＮＡ ＳＥＡ的貝斯手Ｊ、吉他手ＩＮＯＲＡＮ這兩個無話不談的朋友。湊巧三個人都對當時受全世界喜愛的工業搖滾很有興趣，聊得非常投機，所以，決定一起作曲，參與融合搖滾與舞曲的集錦專輯《DANCE2NOISE ００４》。所謂工業搖滾，是ｈｉｄｅ在芝浦 Gold 當ＤＪ時，想播給客人跳舞的音樂。ｈｉｄｅ慷慨激昂地說：「我們來做吧！」卻在說完沒多久，就為了X的錄音去了美國。只好在洛杉磯與東京之間，互相寄送試聽帶作曲。

首先，hide請一起來洛杉磯替X錄音的音訊工程師I・N・A協助，使用電腦製作原案試聽帶。兩人把這卷帶子稱為「Hardcore Techno 君」，寄給在東京的兩人。沒多久，就收到他們補上Riff（快速反覆節拍）、Techno的部分後寄回來的試聽帶。hide聽完後，激動地說：「喔，太棒了！」突然說：「把歌曲放進去吧！」原本只打算作演奏版，並沒有想過要把歌曲放進去，但是聽完J和INORAN作的音軌，忽然閃過「把歌曲放進去會更棒」的靈感。把在錄音室錄完歌的帶子送回日本後，hide忐忑不安地等著他們兩人的反應，結果收到兩人說「太棒了！」的回覆，hide欣喜若狂。一起奏出音樂的臨時組合樂團很開心，像這樣互通音樂完成曲子的共同作業也非常刺激、快樂。這次完成的曲子，是充滿速度感的驚心動魄的曲子《FROZEN BUG》。hide非常喜歡這首曲子，改編成其他版本後，收錄在個人的首張專輯及zilch的專輯裡。

逐漸開拓寫真、音樂等新的自我表現方式的hide，接下來想做的是影片作品。ZI:KILL的TUSK平時就被hide評為：「非常喜歡的演唱者。」某次hide跟他一起拍攝雜誌封面卷頭頁的照片時，腦中首先浮現「吸血鬼」的影像，於是有了「躺在棺材裡的吸血鬼漫步都會」的照片構想，然後想到：「這張照片如果動起來，一定很有意思吧？」這就是他想製作影片作品的開端。那之後，ｈｉｄｅ的行動非常快速，因為他是「想到什麼就馬上行動的男人」。聚集相關人員時，本來是要談照片攝影的事，但幾個小時後，很快就變成討論影片了，令人驚嘆。

作品的標題是《Seth et Holth》（*6）。ｈｉｄｅ很快找到了贊助人和製作工作人員，自己思考四十五分鐘的作品的大綱。為了思考細節，ｈｉｄｅ徹底研究了埃及神話。《Seth et Holth》被視為世界最古老的暗示同性愛的神話，這個世界觀給了ｈｉｄｅ很大的啟發。這時候，正逢法蘭西斯柯波拉（Francis Ford Coppola）導演的電影《吸血鬼》首映，洛杉磯的好萊塢星光大道掛起了大型廣告看板。ｈｉｄｅ抬頭看著那個構圖，更擴充了對自己作品的想像。此外，他對大衛柯能堡（David Paul Cronenberg）、肯羅素（Kenneth Russell）、彼得格林納威（Peter Greenaway）等，以拍攝瘋狂的作品聞名的導演也非常有興趣，所以影片受他們的影響極深。

Ｓｅｔｈ（ｈｉｄｅ）與Ｈｏｌｔｈ（ＴＵＳＫ），是活在超越時空的空間Nomb的生命體。他們是靠舔眼睛確認愛情。但是，Ｈｏｌｔｈ在那樣的行為中，傷到了自己的眼睛。兩人為了醫治Ｈｏｌｔｈ的眼睛，請太陽神阿圖姆把他們送到人界。與人類是不同生命體的兩人，沒辦法與人類順利溝通，不久就被當成魔物，遭到人類社會的迫害，最後被人類捉住，人類把他們放進棺材裡，燒了他們的身體……這就是hide想出來的故事。但是，影片中沒有具體的台詞，所以很難靠大腦理解故事。hide想好故事後，請專業的劇作家寫了劇本，不過，最後還是選擇把片片斷斷的影像連結起來以激發觀眾想像力的手法，覺得這樣會比作成容易理解的電影好。Seth與Holth彼此舔眼睛的情色畫面、靠血交談的兩人經常流著血的怪誕設定、以想像特寫鏡頭方式插入的讓人聯想到三葉蟲的奇怪生物、十字架及一隻眼睛、頹廢、黑暗、歌德式的影片，在各個角落都呈現出hide喜歡的世界觀。

為了拍攝插入影片中的想像畫面，hide收集了各種東西，例如，真正的化石、顏色奇特的石頭、非尋常植物的乾燥花、萬花筒……某天，在酒席上，鼓手MAD大內把自己袋子裡的東西拿出來給大家看。大家都知道，他會把各種東西放進袋子裡。其中，有hide想用來當成這部影片形象之一的三葉蟲化石。hide才剛剛跟工作人員討論「三葉蟲是長什麼樣子」，所以馬上央求：「給我、給我。」MAD大內說：「好啊、好啊，拿去吧。」馬上把三葉蟲的化石讓給了他。沒想到會在這種地方拿到想要的三葉蟲化石，hide萬分感謝這次的偶發事件。能夠把出現在作品中的三葉蟲般的神祕物體的形象具體化，那顆化石起了很大的作用。

電影配樂是由hide負責作曲、演奏，由TUSK負責作詞、作歌。在影片還未拍攝的很久以前，ｈｉｄｅ就和Ｉ．Ｎ．Ａ合作，開始作樂曲了。雖說影片還沒拍攝，但故事是ｈｉｄｅ寫的，所以音樂的形象很快就湧現腦海了。電影的配樂大多是配合完成後的影片製作音樂，但是，企劃、原案、主演都是ｈｉｄｅ本身，所以他可以利用這樣的特權自由地製作。

ｈｉｄｅ寫的悲傷旋律，有時成為工業音樂的演奏曲、有時成為音樂盒的曲調、有時被ＴＵＳＫ的歌聲唱出來，以種種變化不斷重複播放。ｈｉｄｅ對ＴＵＳＫ的聲音及存在感有極高的評價，所以，在錄音中也開心地說：「雖然是自己的曲子，但聽到從喇叭傳出來的ＴＵＳＫ的聲音時還是很感動。」ＴＵＳＫ在錄音室唱完後，聽到ｈｉｄｅ喊：「OH，Yeah！」也很開心。

在錄音室的錄音作業，會有很長的等待時間。這期間，不知如何打發時間的ｈｉｄｅ，會一直在工作人員的工作用筆記上，畫四周的人的肖像畫玩。畫ＴＵＳＫ的畫，有時是「孟克的吶喊」的滑稽仿作，有時是穿著一身黑衣、纏著黑色頭巾，在陽光中逐漸融化的畫。看到那樣的畫，ＴＵＳＫ無奈地笑著說：「原來我在ｈｉｄｅ心中的形象是這樣？」其他從ＰＡＴＡ、ｋｙｏ到周遭所有工作人員的肖像畫，他也都畫了，還若無其事地說：「我畫肖像畫，每個人都會生氣呢。」ｈｉｄｅ不但不會把圖美化，還會渲染好笑的地方，所以看的人會哈哈大笑，但是，被畫的當事人總是會露出奇妙的表情。

到目前為止，ｈｉｄｅ從沒看過ＴＯＳＨＩ以外的人錄歌，所以，在錄音室看到ＴＵＳＫ唱歌，覺得很新奇。在現場邊進行種種討論邊製作的共同作業很愉快，分好幾次進行的配音做最後調整時，也臨時追加了新曲。結果，最後的配音從原本預定的二天延長到四天，ｈｉｄｅ熱衷到把去洛杉磯的行程都延後了。整部影片瀰漫著黑暗、頹廢的氛圍，與錄音室裡既歡樂且亮麗的氣氛正好相反。

ｈｉｄｅ非常喜歡溫泉。吉他手要從肩膀吊著很重的吉他，手還要激烈晃動彈弦，比實際看起來還要費體力。泡在溫泉裡，喘口氣稍作休息，僵硬的身體也會舒暢地逐漸放鬆。不過，溫泉旅行必須事先作好計畫，不能像慶功宴那樣，突然變成「去哪吧」的模式，就跑去樹海或靈異地點。住宿是由工作人員安排，但是，在目的地思考怎麼玩樂、怎麼分配房間的ｈｉｄｅ，看起來真的很開心。

像平常一樣跟同伴在喝酒時，ｈｉｄｅ突然說：「明天去溫泉吧！」因為明天、後天他正好沒工作。一起喝酒的同伴也正好有幾個人可以參加，所以臨時的溫泉之旅就這樣定案了。「對了，把ＳＵＧＩＺＯ也帶去。」這個號令一下，ｈｉｄｅ馬上啟動自傲的搜查網，把ＳＵＧＩＺＯ找出來，約他去泡溫泉。隔天，ＬＵＮＡ ＳＥＡ要上ＮＨＫ的電視節目，ｈｉｄｅ聽說中午過後就會結束，心中大喜，算準ＬＵＮＡ ＳＥＡ演出結束時間，搭車到NHK等SUGIZO從攝影棚出來。簡直就像個追星的歌迷。

目的地是箱根的老字號旅館。hide一行人怎麼看都不像是會去高格調旅館的人，但他們本人絲毫不介意，像小學生團體一樣喧鬧。這家旅館是厚重的木造建築，蓋在河邊，隱約可見河川對岸圍著竹子的旅館的露天浴場。hide知道後，興奮地大叫：「SUGIZO，有沒有望遠鏡？」即使被敷衍地回說：「hide，沒有人來溫泉會帶望遠鏡。」他還是想盡辦法要偷窺露天浴場，後來才知道那是男浴場。「什麼嘛，害我白期待了。」hide雖然嘴巴咒罵，但看起來並不是那麼失望。他不是真的想偷窺露天浴場，只是用那種話題炒熱氣氛，對他來說是很開心的一件事。

晚上津津有味地掃光晚餐，再舒服地泡溫泉、打桌球、散步、開宴會，等快樂時光告一段落時，已經凌晨四點了。hide又說：「再泡一次溫泉吧！」老字號旅館的凌晨四點，其他住宿客人當然都熟睡了，走廊、浴場都沒有人。「好像包場，太舒服了！」SUGIZO這麼說，盡情地享受溫泉，等他再回到脫衣處時，穿來的浴衣竟然整套不見了。是先泡完的hide把衣服全帶走了。「被設計了！」這麼想的SUGIZO環視周遭，只看到空蕩蕩的籠子排列在脫衣處。下定決心的SUGIZO，把掛在浴場入口處的門簾拆下來纏在腰上，走回房間。「饒了我吧，hide。」「SUGIZO，你這樣子很像年輕武士呢，帥呆啦。」看到他那副模樣的hide大爆笑，被惡整的SUGIZO也跟著大笑。

然後，過了幾個小時。旅館一大早就開始運作了，即使客人喝酒鬧到天亮，時間到了還是會來收被子、送早餐。睡眼惺忪的一群人都還半睡半醒，根本吃不下，只有hide一個人大口大口地吃著早餐。「我早上不吃飯不行耶。」hide這麼說，連吃了三碗飯。

通宵喝酒、玩樂、大鬧，hide卻還玩不夠，從旅館退房出來後，一行人又去了小孩子玩的遊樂場。hide非常喜歡坐在紙箱裡，從草坪斜坡滑下來的簡單遊戲，一個人玩個不停。那樣子完全不像站在東京巨蛋舞台上的閃閃發亮的搖滾明星，只像個一般調皮的孩子。

hide參加雜誌的對談企劃，跟SUGIZO一起攝影時，不知道為什麼非常開心，在寬敞的攝影棚內喧鬧起來，活蹦亂跳地跑來跑去，沒注意到前面有牆壁，臉就直接撞上去了。撞擊力道很強，應該非常痛。結果，hide的粉底像死亡面具般殘留在牆壁上。當時的疼痛、懊惱、羞恥感，讓他後來沮喪了很久。酒醉的hide經常受傷，但是，即使沒喝酒，情緒上來時也一樣控制不了自己。

X的成員竟然不太會開黃腔，平時都不太談那方面的事。有一次，hide來找SUGIZO，難以啟齒似地問：「你敢說男生的那個部位嗎？」SUGIZO心想「真是個問怪事的人呢」，就回說：「你是說雞〇嗎？」ｈｉｄｅ激動地說：「好厲害，你敢說呢！有男子氣魄！帥呆了！」又說：「Ｘ的成員誰也不敢說呢。」ＳＵＧＩＺＯ回說：「我們是會開黃腔的樂團，所以說那種話很正常啊，ｈｉｄｅ也可以說說看啊。」ｈｉｄｅ說：「雞……雞……不行，我說不出來。」消沉地抱著頭。但是，在幾年後的個人Ｌｉｖｅ，也不知道哪根筋不對，他突然在舞台上放聲大叫：「雞〇～！」

討厭自己的唧唧聲

ｈｉｄｅ有強烈的故鄉愛，非常愛橫須賀這個城市。對ｈｉｄｅ來說，神奈川縣＝橫須賀。在川崎 CLUB CITTA 舉行Ｌｉｖｅ時、在橫濱廢工廠攝影時，他都會說：「這裡是神奈川，所以離橫須賀很近吧？」馬上就想回去橫須賀。

在慶功宴喝完酒後，被他趁勢帶去橫須賀的音樂人、工作人員多不勝數。ｈｉｄｅ去橫須賀，會先去父親經營的店「Park Side X」。他的父親正好在Ｘ實現主流出道時，在橫須店開了一家店。菜單上有ｈｉｄｅ最喜歡的母親手做水餃和通心粉沙拉，只要來店裡就能隨時享用松本家的味道。在店裡跟父母聊完天後，ｈｉｄｅ一定會去 Dobu 板通。有時會逛好幾家商店，但無論如何都會去 Rock City 露個臉。在 Rock City 喝酒時，

SAVER TIGER的成員和以前的同伴一定會來，跟ｈｉｄｅ邊聊往事邊炒熱氣氛。ＲＥＭ和ＹＯＫＯ也來過。然後，回老家睡覺，早上起床時母親會端出很多菜來……這就是ｈｉｄｅ深夜回橫須賀的既定模式。

有一次，有個工作人員被ｈｉｄｅ帶回橫須賀。他們像平常一樣，去Dobu板通喝到爛醉，早上四點才回到ｈｉｄｅ家，發現父母都醒著。竟然連附近壽司店的老闆，都在家裡等著他。原來是父母想給ｈｉｄｅ吃美味的鮪魚壽司，特地請來交情好的壽司店老闆。ｈｉｄｅ和工作人員都覺得很不好意思，儘管喝太多酒把肚子撐飽了，還是一直說「好吃」、「好吃」，拚命大口吃壽司。

在橫須賀的業餘時代，為ｈｉｄｅ的獨特時尚品味傷透腦筋的母親，在樂團成功後還是很擔心兒子的服裝。ｈｉｄｅ在時尚方面有自己的原則，但是母親無法理解，問他：「ＹＯＳＨＩＫＩ都整整齊齊地穿著名牌衣服，為什麼你都穿那種廉價沒品味的衣服呢？」他回說：「我對名牌沒興趣。」母親知道他或許有自己的喜好，但還是希望他穿好一點的衣服，就拜託認識的百貨公司的外商負責人員，送來大約十件皮外套，放在他的房間，對他說：「選你喜歡的。」但是，ｈｉｄｅ說：「我不要。」根本不選，全部退回去了。

X的演唱會有各個成員演出的 Solo Corner，hide的演出部分被稱為「hide的房間」。從 SAVER TIGER 時代起，他就會在開始演奏前先揮舞假人模特兒，邊吐血邊彈吉他，但是，第一次在舞台上以個人形態演出，是X首次（*7）在澀谷公會堂舉行Live（一九八九年）的時候。YOSHIKI在擊鼓的solo後，希望hide可以在他體力復原之前進行吉他的solo。

但是，hide聽到這個要求，有點猶豫。他不喜歡一直讓觀眾聽吉他手速彈的solo，去聽其他樂團的Live時，到了solo的部分就會無聊到睡著。看到自己實在彈不出來的超絕技術，他會感嘆「好厲害」，但總覺得solo會中斷Live的整體流暢性，無論如何都沒辦法喜歡。「對吉他solo抱持負面思考的我，在第一次的澀谷公會堂的舞台上，該做怎麼樣的solo呢？」正煩惱該怎麼辦時，已經到了Solo Corner時間。「總之，必須做點什麼，讓YOSHIKI多少休息一下。」這麼想的hide，衝上了舞台。因為完全沒有決定要做什麼，所以也沒有跟照明和工作人員討論過，全都是想到什麼做什麼。

上了舞台卻不知道要做什麼，只好錚錚地敲響吉他。然後，他想做出吉他solo的招牌動作，就是把手貼放在耳朵旁，擺出聽觀眾歡呼聲的姿勢。但是，這不是他喜歡的模式，所以他煩躁地對著麥克風大叫了一聲：「呀！」沒想到大受觀眾歡迎，會場響起震耳欲聾的聲援吶喊。心情大好的ｈｉｄｅ，對著麥克風發出分不清是說話還是吼叫的聲音，蜷曲著身體前衛地亂撓吉他。ｈｉｄｅ做出越奇怪的動作，觀眾就越興奮。在後台休息室的X成員，聽到舞台傳來的聲音都很驚訝，心想：「那傢伙明明是在做吉他ｓｏｌｏ，怎麼會聽見他的聲音呢？」難以置信地面面相覷。超越吉他ｓｏｌｏ概念的Solo Corner「ｈｉｄｅ的房間」，就在這個瞬間誕生了。

這個 Solo Corner 是即興表演，所以，隨著Ｌｉｖｅ不斷出現變化。在SAVER TIGER時代、美容學校的畢業發表上，都喜歡使用假人模特兒的ｈｉｄｅ，在「ｈｉｄｅ的房間」也經常把假人模特兒帶上舞台。從剛開始的一個增加到二個，膚色也變成黑色，有時往上拋，有時撞擊地面。邊彈吉他邊撫摸假人模特兒的表演，是從美國音樂人 Alice Cooper 的Ｌｉｖｅ得到的靈感，所以，他原本是想把真正的女性帶上舞台，但是找不到那樣的人，只好用假人模特兒替代。ｈｉｄｅ實現願望，是在一九九一年的X首次東京巨蛋公演時。假人模特兒升級為活生生的人類，ｈｉｄｅ喜孜孜地說：「太開心了。」這時候，「ｈｉｄｅ的房間」的開場，是與ｈｉｄｅ長得一模一樣的天使在空中飛來飛去，製作者是世界級的特殊化妝&ＳＦＸ藝術家 Screaming Mad George，專輯《Jealousy》也是由他負責設計。使用的伎倆是，趁觀眾的注意力都集中在天使身上時，真正的ｈｉｄｅ再搭乘舞台升降裝置出場。他開始個人活動後舉辦的Ｌｉｖｅ，也會在開場時使用這個手法。在這之前完全是自己即興的演出，也從這場Ｌｉｖｅ變成使用採樣聲源。這時候，ｈｉｄｅ的聲音及鼓聲是從舞台兩側出來，後來，Ｉ．Ｎ．Ａ與ｈｉｄｅ成為共同製作人，一起製作ｈｉｄｅ的所有作品，兩人最值得紀念的第一個工作，就是錄製「ｈｉｄｅ的房間」所使用的ｈｉｄｅ的吼叫聲。

「ｈｉｄｅ的房間」隨著演出次數，一次比一次更升級。每次都精心研究各種方案，讓觀眾興奮起來。ｈｉｄｅ的藝術才能不斷開花結果，裸女舞者出場已經成為例行演出，有時他會跟ＰＡＴＡ一起關在籠子裡從天花板出場，有時會坐在怪物環繞的椅子上從上空出場。在只對著一支麥克風，靠吉他和聲音表演的時候，還只是「瘋狂」，但是，隨著規模越搞越大，構思逐漸轉變為「超密室的個人愛」。在樂曲間奏彈奏的吉他ｓｏｌｏ，「必須是嘴巴能唱出來的旋律才行」，這是充滿流行品味的ｈｉｄｅ的另一面……黑暗、前衛、神奇奧妙的面向，就在「ｈｉｄｅ的房間」中具體呈現出來了。

堅持做到極限的寫真集《無言激》、融合搖滾與數位的新感覺舞曲、與其他音樂人以共同製作的新形態創作的樂曲《FROZEN BUG》、自己擔任企劃、原案、主演、音樂的影片作品《Seth et Holth》、隨著Ｌｉｖｅ演出逐漸進化的 Solo Corner「ｈｉｄｅ的房間」，讓ｈｉｄｅ體驗到樂團之外也能做到的種種事，也讓他下定決心敞開個人活動之門。繼TOSHI之後，PATA也展開了個人活動，YOSHIKI也開始了與小室哲哉組合而成的V2的活動。「吸收個人活動的種種經驗帶回X，就能讓X成為更壯大的樂團。」YOSHIKI說的這句話，成為猶豫不決的hide的最大推動力。

想做的音樂的方向性，已經隱約可見。問題在於，如何把那個方向性表現出來。首先，hide想到的是該如何處理歌曲。hide本身並不討厭唱歌這件事。他經常以主唱身分參加臨時樂團，也曾在活動中邊彈民謠吉他邊唱吻合唱團的《Hard Luck Woman》，原創的《FROZEN BUG》也是他自己唱的。去唱卡拉OK時，他喜歡唱澤田研二的《時の過ぎゆくままに（TOKI NO SUGIYUKU MAMANI）》、西城秀樹的《薔薇の鎖（BARA NO KUSARI）》，喝醉時也曾對著工作人員說：「我想當演唱者！」不過，那是以「吉他手在唱歌」為前提。hide在吉他手的個人活動中，如果是自己唱歌，也會想必須把自己當成一個主唱者認真決一勝負。

在這之前的hide，都是刻意發出硬質的機械般的聲音，以簡直像「飛射道具」的形象在唱歌。在由吉他手唱歌的臨時樂團中，這樣也會被接受。但是，那樣的歌聲無法清楚傳達旋律和歌詞。hide煩惱再三後，思考是否要找客串的演唱者，一人唱一首歌。他想這樣或許會比自己唱，更能提升曲子的品質，也嘗試做了以女性演唱者為形象的樂曲。與工作人員討論要邀請怎麼樣的演唱者，開始實際思考人選時，突然想到歌迷們的心情。如果自己是歌迷，聽到自己喜歡的藝人的曲子由其他女歌手演唱的專輯，會開心嗎？

再三猶豫後，ｈｉｄｅ想起最喜歡的吻合唱團吉他手 Ace Frehley 的個人專輯。Ace 在這張專輯擔任演唱，歌唱得並不好，但是唱得非常有韻味。於是，他下定決心，以此作為個人活動的方向性。

接下來，他思考的是樂曲的製作方式。想到的幾個方案，包括邀請知名製作人、或與鍵盤手一起製作等，不過，他對當時逐漸流行的ＤＴＭ（Desktop Music）也很有興趣。在這之前，唯一的方式就是實際彈奏樂器，再把聲音錄下來作成樂曲，但是，現在可以在電腦裡完成那些過程了，是件劃時代的事。ｈｉｄｅ向擔任音訊工程師參與《FROZEN BUG》及《Seth et Holth》製作的Ｉ・Ｎ・Ａ請教電腦的基本操作方式，想製作自己輸入的樂曲。

首先，他向Ｉ・Ｎ・Ａ借電腦，到處收購雜誌，開始自學。但是，完全沒有進展。Ｉ・Ｎ・Ａ每天都接到ｈｉｄｅ的ＳＯＳ信號，例如「電腦沒電」、「沒聲音」、「全都不見了」。Ｉ・Ｎ・Ａ經常被找去ｈｉｄｅ的住處，被迫擔任電腦初級講座的講師。有時Ｉ・Ｎ・ＡＡ拚命教，與電腦搏鬥到早上的ｈｉｄｅ卻在旁邊呼呼大睡。

幾週後，ｈｉｄｅ終於決定買自己的電腦了。他請Ｉ・Ｎ・Ａ幫他調查買哪種比較好。I・N・A找到輸入、錄音可以一台完成的劃時代電腦與軟體，hide說：「這太強了。」非常想買。兩人一起去看實物，把這個最先進的器材整套買下了。但是，再怎麼先進，當時的電腦還是有很多問題。再加上還不熟電腦本身的操作方法，hide被動不動就停住的機器搞得心急如焚，經常暴跳如雷。「討厭啦，這樣下去，一輩子都做不了曲子！」焦躁的hide，決定把電腦作業交給I・N・A。好不容易浮現好曲子的靈感，也會在花時間輸入的期間全部消失。結果，從此以後，處理hide的整套最先進的電腦，成了I・N・A的工作。

X JAPAN的錄音，還是一樣有很長的等待時間。hide很擔心剛加入樂團就突然被帶來洛杉磯的HEATH，見面時總會問他：「有沒有需要幫忙的地方？」或是招呼他說：「我煮了飯，來吃吧。」兩人悠閒地喝酒時，他會對HEATH說：「今後會發生種種令人驚訝的事，但是，那些都是理所當然的事，你要作好心理準備。」在做音樂方面，也會給他忠告說：「要多準備一些抽屜，儲存自己的題材唷。靈感通常會自天而降，沒有抽屜就沒辦法儲存。難得來一趟洛杉磯，題材俯拾皆是，所以要磨練吸收能力。」為了怕HEATH寂寞，hide也經常邀他去吃飯、喝酒、看Live，協助他早日習慣洛杉磯的生活。

也常給他穿著上的建議，例如：「老弟，你苗條、腳長，最好穿更能顯現出身體線條的衣服喔。」或是：「可以去剪頭髮，試試其他髮型了吧？」hide總是給予聲援，希望他可以成為更帥氣的音樂人。

hide也曾開箱型貨車，載著PATA、HEATH、I・N・A，在廣大的出租公寓用地內兜風。hide有駕照，但發生過輕微的車禍，所以盡可能不開車。很久沒開車的hide，越開越過癮，趁勢開上了不是車道的山裡，試圖爬上山崖。這時候，連PATA都覺得有生命危險，爆發了怒氣。「喂，松本，你有點分寸！」他真的生氣了。hide看到平時溫順的PATA發怒，中途回過神來取悅他說：「PATA老弟，對不起嘛。」趕緊開回來時的路。

某天，hide他們去常去的日本料理店吃完飯後，去市中心日本人經營的酒吧喝酒。已經黃湯下肚的hide，趁著醉意又狂灌加冰的波本威士忌。因為喝得太猛，擔心的工作人員勸他說：「該回家了。」把他帶出了酒吧，但是，在搭上大樓電梯的瞬間，他就開始踢牆壁了。到了地下停車場，又拿起裝在玻璃箱裡的滅火器開始奔跑。慌張的HEATH安撫他說：「回家再慢慢喝吧？」他才乖乖上了車。但是，奔馳在高速公路上時，他都在車上大吵大鬧。從市中心回到位於好萊塢的公寓大約三十分鐘的時間，HEATH卻覺得好像過了三天。

好不容易回到公寓，也只有短暫的喘息時間。被所有人包圍護送回來的ｈｉｄｅ，開始把走廊上警報器的把手從前端往下壓，誰也擋不住他。突然，尖銳的鈴聲響徹整棟公寓。除了ｈｉｄｅ外，在場所有人都臉色發白，大喊：「糟了，快逃！」一溜煙跑回房間。ｈｉｄｅ想回自己房間，可是醉到找不到鑰匙，就衝進住在對面的ＨＥＡＴＨ的房間。然後，拋下目瞪口呆的ＨＥＡＴＨ，關燈屏住氣息。

深夜的公寓引發大騷動，來了好幾輛響著警笛的消防車。穿著銀色消防制服的消防人員，一副凶神惡煞的模樣來敲ＨＥＡＴＨ房間門。知道自己被當成犯人，ＨＥＡＴＨ嚇得要死。「絕對是這傢伙，假裝不在家！」從走廊傳來了怒吼聲。「ｈｉｄｅ，怎麼辦？」ＨＥＡＴＨ臉色蒼白地回過頭，竟然看到ｈｉｄｅ在自己床上躺成大字呼呼大睡。ＨＥＡＴＨ拿他沒輒，只能笑。

不巧的是，隔天ＨＥＡＴＨ要進行《ART OF LIFE》（*8）的貝斯錄音。他想小睡一下，可是床完全被ｈｉｄｅ占領了。沒辦法，他只好蜷曲在沙發上打個小盹。隔天早上，ＨＥＡＴＨ醒來時，ｈｉｄｅ還保持昨晚的姿勢在睡覺。看來是叫也叫不醒了，所以，他留下「你好好睡，我去錄音室了」的字條，去錄音了。貝斯錄音是錄曲子的後半部，所以沒花太多時間。但是，ＨＥＡＴＨ回到房間時，ｈｉｄｅ已經回自己房間了。還若無其事地跑來問他：「錄音錄得怎麼樣？」好像完全忘了前夜發生的大事件。不可思議的是，看到他悠哉的表情，HEATH竟然覺得昨晚被他整得那麼慘的事都無所謂了。

但是，hide在這場大騷動中傷到左手，錄音的行程因此往後延。為了引以為戒，hide寫了《FROZEN BUG》這首歌的歌詞，內容是「平時，我體內有凍結的蟲。黃湯下肚，冰遇酒融化，那隻蟲就開始大鬧」。被HEATH和I．N．A列入「hidera事件最糟前三名」的這件深夜大事件，沒人知道hide究竟記得多少，但他說過：「絕對不會再犯第二次了。」的確是銘記在心了。

hide決定個人作品由自己唱歌，因此他非跨越一道牆不可，那就是習慣自己的聲音。hide把自己的硬質聲音稱為「唧唧聲」，很討厭這種聲音。說話的聲音明明偏低，不知道為什麼唱歌就會變成又高又硬的聲音。周圍的人從沒說過hide的聲音尖銳或難聽，他自己卻討厭得不得了。甚至說：「我無法忍受自己的聲音被錄下來，然後被重複聽好幾次。」討厭到絕對不在沒人接的電話裡留下留言。hide在大魔神五人組唱歌時的龐克搖滾風的聲音，是乾脆豁出去更刻意強調自己討厭的聲音。

最初的個人作品，是單曲《EYES LOVE YOU》。hide寫這首曲子時，腦中浮現的是女歌手演唱的模樣。可能是因為一開始有這樣的想像，所以自己試著唱時，愕然驚覺竟然跟自己想要的形象相差如此懸殊。他原本就不喜歡自己的聲音，實際聽到錄下歌聲的音樂帶，更覺得「唱《EYES LOVE YOU》的聲音，不該是這個聲音」。但是，企劃案已經依照「個人作品由hide唱歌」的決定動了起來，不能再臨時找其他演唱者了。

hide心想，總之就一直唱，唱到習慣自己的聲音的為止。他拜託I．N．A，錄下他以各種唱歌方式、發聲方式唱出來的《EYES LOVE YOU》，然後做比較。I．N．A錄在硬碟裡的試唱，就有上千個take。作為個人最初作品的這首曲子，hide一唱再唱，要唱到自己滿意為止。

錄音前，hide開始去聲音訓練老師MICHIKO那裡上演唱訓練課。MICHIKO是TOSHI出道前拜師學藝的訓練老師，在hide決定個人出道時，TOSHI就把老師介紹給了他。在第一堂課做自我介紹時，hide老實說：「我討厭自己的聲音。」MICHIKO非常驚訝，心想：「現在當紅的X JAPAN的成員，竟然如此謙虛。」為了讓他可以站在舞台上落落大方地演唱，就鼓勵他說：「你要對自己更有信心。」

hide非常熱衷地投入聲音訓練，是個認真的學生，最多的時候一週會去二～三次。這間只有專業人員會來的音樂工作室，即使在錄音前，也少有音樂人會來得如此頻繁。有一次，hide背著很大的背包來到音樂工作室，從裡面拿出好幾卷音樂帶說：「ＭＩＣＨＩＫＯ老師，請幫我聽一下。」那些錄音帶裡，有ｈｉｄｅ唱的《EYES LOVE YOU》，洋洋灑灑地錄了幾百個ｔａｋｅ。ｈｉｄｅ請ＭＩＣＨＩＫＯ老師聽完幾個ｔａｋｅ後問：「哪個比較好呢？」ＭＩＣＨＩＫＯ老師說：「每個的感覺都不一樣，都很ＯＫ呀。」表達了感想。但是，ｈｉｄｅ沒辦法馬上相信ＭＩＣＨＩＫＯ老師說的ＯＫ。老師都說ＯＫ了，他卻還是繼續唱，理由是「聽起來或許都一樣，但是，第七百次一定會比第五百次唱得更好。只要能再好一點點，我願意唱七百次、八百次」。看到ｈｉｄｅ這樣的態度，ＭＩＣＨＩＫＯ感動地說：「多麼熱愛唱歌的一個人啊。」

勇於面對自己的歌，堅決唱到最後一刻，終於習慣了起初聽來很怪的自己的聲音。正確來說，應該是唱了太多次、聽了太多次，不得不習慣了。ｈｉｄｅ依然謙虛地說：「絕不是唱得更好了，只是習慣了自己的聲音。不過，我也在心中告訴自己ＯＫ了。」就這樣，完成了個人歌手ｈｉｄｅ的出道單曲《EYES LOVE YOU》。

ｈｉｄｅ的個人出道，預定在一九九三年六月十三日下午五點，透過位於原宿十字路口的八角館大樓的大型電視牆發表。消息傳出後，隨著預定時間接近，越來越多歌迷聚集在下著雨的表參道。將近五點時，大型電視牆的螢幕上出現倒數時間，在許多歌迷的關注中，出現了「ｈｉｄｅ」的名字標誌、「個人出道決定！」的文字。接著，大型電視牆播出了個人出道曲《EYES LOVE YOU》的宣傳影帶。聚集的三千名歌迷發出怒濤般的歡呼聲。在表參道與明治通的十字路口，連車道都擠滿歌迷，造成大塞車，附近一片混亂。原本的預定是，本尊在那之後出場，進行附加歌曲《OBLAAT》的驚喜演奏。但是，歌迷的聚集數遠超過主辦者的預期，因此判斷會有危險，只好臨時喊停。

其實，這時候本尊已經在停在附近的車子裡待命了。髮型化妝已經準備周全，也換好衣服，從箱型車裡望著混亂狀態的十字路口的ｈｉｄｅ，心想：「我真的很想表演啊。」覺得非常遺憾。看到這麼多的歌迷期待著自己的個人活動，他一方面感到開心，一方面也由衷感到抱歉、懊惱，因為自己經常中途取消活動而讓歌迷失望。

睡覺時間很浪費

發表個人出道的二個月後，在時機成熟時，同時發行了兩張出道單曲《EYES LOVE YOU》和《５０％＆５０％》。封面分別是紅色與綠色，照片是裸體的ｈｉｄｅ被關在瓶子裡的畫面。是３Ｄ規格的精心設計，把兩張封面重疊就會浮現出瓶中的ｈｉｄｅ。由暢銷作詞家森雪之丞填詞。在個人演出的所有作品中，只有這兩首單曲的樂曲不是ｈｉｄe自己填詞。委託森雪之丞填詞時，對方說：「最好有什麼大的主題。」ｈｉｄｅ回說：「眼睛。」他想把以眼睛為主題的東西，當成自己的個人活動總形象。

這二首單曲都是大眾化的樂曲，把他想成X JAPAN的吉他手hide來聽他的個人作品的人，都非常驚訝。但是，對從小就喜歡大眾化的hide來說，當然要把單曲作成順耳的曲子。在hide心中，從小就喜歡的Finger 5、《Beautiful Sunday》、喜歡上搖滾後經常聽的吻合唱團、齊柏林飛船、JAPAN，以及通常被視為與大眾化相對立的龐克，都被歸類為大眾化，理由是「有清楚的旋律」。hide在X作的《CELEBRATION》、《Miscast》、《Joker》，雖是搖滾式的編曲，旋律卻是很容易親近的大眾化。hide說：「我要顛覆世人認為hide應該會作出這種東西的形象。我在單曲的A面呈現出大眾化的一面，希望能騙到不認識我的人。」這張單曲在92軌道放入了隱藏軌道。會這麼做，是對Nine Inch Nails的CD設計大感驚訝的hide，認為「既然自己覺得驚奇，也應該跟歌迷分享這份驚奇」。

另外，附加的《OBLAAT》、《DOUBT》，跟A面完全不同，是非常攻擊性的激烈曲子。兩首都是hide發怒時作的曲子，在熊熊怒火中瞬間完成。《DOUBT》是把準備很久的廣告合作案遭毀約的怒氣發洩出來的曲子，他氣自己為了貪圖利益，被他人耍得團團轉，把這樣的自我厭惡封鎖在曲子裡。他把這首曲子定位為「非唱不可的曲子」，當成對自己的懲戒。

《EYES LOVE YOU》的宣傳影帶，是在拍攝過許多日本知名電影的松竹的大船攝影所，布置大規模道具拍攝的。這時候，ｈｉｄｅ腦中也有明確的想法，向導演提出了「畫面裡要有很多女人」、「我想換很多件衣服」、「希望能拍出 Lenny Kravitz 那種感覺」等具體的要求。因為無論如何都想拍出影片的質感，所以硬是要求對方使用幾乎不會用在宣傳影帶上的膠片拍攝。貪心地準備了將近十件的衣服，卻因為邊拍攝邊更換衣服，所以到後半時換得很累，抱怨說：「我不要再換衣服了！」但還是花很長的時間完成了拍攝。這卷錄影帶，在 1994 MTV Video Music Awards 被選為日本代表，透過ＭＴＶ頻道在全世界播放。

ｈｉｄｅ順利展開了個人活動，《EYES LOVE YOU》位居暢銷排行榜第三名、《５０％＆５０％》也位居第六名。製作單曲後，接下來就是製作專輯。跟Ｉ．Ｎ．Ａ一起製作二張單曲後，ｈｉｄｅ決定今後也跟他一起創作作品。起初，他想自己輸入，但有過幾次經驗後，得到的結論是最好把這份工作交給專業，自己還是以創作樂曲為優先。

在發表個人出道的紀念活動的慶功宴上，ｈｉｄｅ製造了與Ｉ．Ｎ．Ａ單獨談話的機會。然後，切入主題說：「Ｉ．Ｎ．Ａ，要不要跟我一起工作？」Ｉ．Ｎ．Ａ驚訝地回答：「不是已經在一起工作了嗎？」ｈｉｄｅ露出前所未有的認真表情，竭盡心力地說：「不一樣，我是希望Ｉ．Ｎ．Ａ把所有才能都用在我身上。如果還有可以花在其他人身上的力氣，我希望都花在我身上。」I．N．A無法馬上回答這個突如其來的詢問，於是，hide又接著說：「但是，我希望你不要有被我雇用的想法。好的東西就是好，不好的東西就是不好。不論好壞，你都要毫無顧慮地告訴我。要不然，一起創作作品就沒有意義了。」意思是希望他可以成為一起作曲的夥伴。hide會對他說出這番邀約的話，是因為從第一次見面，替「hide的房間」的叫聲錄音那天起，他就幫hide作了許多作品，I．N．A非常開心hide提出這樣的要求。

I．N．A跟hide同年紀，生日只相差一天。儘管踏上音樂之路的契機不一樣，分別是搖滾與黑人音樂，但是，以前熱衷的音樂有許多共同點。他喜歡喝酒，長期以來都會陪hide喝酒，性格也合得來。

「hide，我知道了，一起工作吧。」於是，共同培育hide這個個人歌手的「hide與I．N．A的最強隊伍」就此誕生了。

因為YOSHIKI買了錄音室，所以，X JAPAN的成員正式搬到洛杉磯居住。成員們從獨棟公寓，搬到了市內的大樓公寓。hide在西好萊塢租了採光良好的舒適大樓公寓，把器材搬進其中一個房間，作成前置作業錄音室。I．N．A也在同一棟大樓公寓租了房子，從打造錄音室開始協助hide。自己的房子裡有錄音室，就能盡情地創作喜歡的曲子，在靈感乍現時馬上錄音。兩個人在這個地方兢兢業業地開始了第一張專輯的作曲。

在跟I．N．A一起邊摸索邊創作單曲中，hide找到了最適合兩人一起作曲的方法。使用電腦做過種種嘗試後終於找到的作曲方法，已經很接近靠樂團作曲的方法了。

首先，兩人開始做的是，組合曲子骨架的即興合奏。先粗略地決定「龐克」、「車庫搖滾」等主題，然後，I．N．A敲鍵盤擊鼓，hide邊彈吉他邊唱歌，再重新組合製作聲源。但是，做一首曲子需要一個星期左右的時間。添加各種聲音的精密作業，會一直持續到早上。稍微睡一下，中午十二點做再開始作業，每天都過著緊張忙碌的生活。

雖然要花很長的時間完成樂曲，但是，在作詞作曲的靈感方面，並不會花hide很多時間。在前置作業錄音室想三十分鐘左右，還是沒有曲子的基本靈感時，他會很乾脆地放棄那首曲子的作業，改作其他樂曲。用硬擠出來的靈感作成樂曲，結果不滿意而沒採用的曲子資料，他都存在硬碟最醒目的地方，檔案名取名為「低潮（slump）」，作為給自己的警惕。

從以前，ｈｉｄｅ就是睡眠時間再短都所謂的體質。在巡迴演唱中，喝酒喝到天亮，到了集合時間，其他成員都是睡眼惺忪地來集合，只有ｈｉｄｅ還是一臉神清氣爽。除非是宿醉，否則他早上也都很快就清醒了，醒來五秒鐘後馬上下床，一分鐘後就可以吃早餐了，是超健康的身體。此外，睡覺時身體完全不會動也很有名。在巡迴演唱住宿的旅館經常跟他同房的ＰＡＴＡ，觀察後發現他睡前與起床前的姿勢絲毫沒有改變，非常驚訝。「睡覺時間很浪費」的ｈｉｄｅ，不喜歡想到「睡吧」就上床睡覺，認為撐到睡魔襲來的最後一刻，再倒床呼呼大睡是最理想的。

但是，配合他的Ｉ・Ｎ・Ａ就慘了。工作時採取跟ｈｉｄｅ同樣的生活週期，會因睡眠不足而累倒。實際上，他就曾經因為行程太過緊湊而倒下。這種時候，ｈｉｄｅ會覺得讓他配合自己的步調，很對不起他，就幫他炒飯、炒米粉，送到他房間。但是，只要錄音室的作業進入狀況，無論如何都會忘記時間，就是音樂人的天性。結果，兩人幾乎一整天都在ｈｉｄｅ的前置作業錄音室度過的日子，持續了一個月以上。

開始製作前，ｈｉｄｅ並沒有以言語明確揭露第一張專輯的概念，只是漠然地想著要表現出「自己＝ｈｉｄｅ」。製作專輯時，有的藝人會先明確決定整體的概念，再循著那個概念思考平衡性，完成樂曲。但是，ｈｉｄｅ作曲向來是橫衝直撞，只要這樣作下去，一定能完成看得出「自己＝ｈｉｄｅ」的作品。因為不是樂團，所以不必顧慮其他成員，但是，相對也沒有成員的幫助。他總是告訴自己，只要全神貫注地作曲，應該就會找到答案。

ｈｉｄｅ寫歌詞很快。像《FROZEN BUG》、《DOUBT》那樣，發洩怒氣寫出來的歌詞，大約三十分鐘就完成了，這之外的歌詞也大約二小時就寫完了。有押韻、還有很多諧音、四字成語，感覺要花很長的時間構築，他卻基本上都是一股作氣完成。反倒是寫之前要花點時間，完全想不出要寫什麼時，他會馬上放棄，開始做其他事，這點跟作曲時一樣。也曾經把在錄音室邊作曲、或邊哼唱時脫口而出的話，直接寫成歌詞。

收錄在第一張專輯的曲子當中，有讓人聯想到ｈｉｄｅ私生活的曲子。其中一首是《BLUE SKY COMPLEX》，誕生於ｈｉｄｅ在洛杉磯的生活。自己為了錄音，每天都關在房間裡工作，從自家錄音室望出去卻是湛藍的天空。想到大家都開開心心地去海邊玩，不由得一把火上來，歌詞就浮現腦海了。Ｌｉｖｅ時，在這首曲子前面的ＭＣ說：「我最討厭湛藍的天空！」已經成為慣例。另一首是出現很多酒的牌子的《D.O.D.（DRINK OR DIE）》。這首曲子的起源，是他一如往常跟朋友喝酒時，突然說：「好想做一首要不喝酒、要不去死的曲子。」然後大吵大鬧說：「喝到死吧！」說完靈機一動，想到：「對了，把這句話作成曲子。」就這樣作出了這首曲子。

漫長的前置作業結束，完成了試聽聲源。接下來，就要開始錄音。基本上是以電腦製作為主，但畢竟是首未知的曲子，所以在前置作業結束時還是決定請人演奏看看。hide自己可以彈吉他，至於貝斯和鼓，還是想請專業的音樂人來演奏。在洛杉磯他還不認識任何音樂人，所以拜託召集人幫他找人，反而被問：「找誰好呢？」他瞬間說出了最喜歡的鼓手 Terry Bozzio 的名字，沒想到很順利就請到他來打鼓了。貝斯是 Terry 介紹的，以精明幹練的貝斯手聞名的 T.M. Stevens。半開玩笑地提起Terry名字的hide，對於真能請到他參與錄音這件事，既開心又緊張。

實際出現在錄音室的Terry，四十三歲了，卻是待在 EXTASY 系樂團都不奇怪的穿著打扮，看起來很年輕。而且，儘管是世界級的音樂人，卻會在錄音前謙虛地問：「這裡該怎麼打呢？」還說：「如果打錯了，要告訴我，我會重打。」但也會說：「對這首曲子我有個想法，請讓我打打看。」提出有創意的意見。hide大受感動，心想：「他有用心聽我的試聽帶呢。」T.M. Stevens跟Terry就像一對兄弟，配合得天衣無縫，錄音錄得十分精彩。T.M. Stevens 會邊彈貝斯邊嘶吼，聲音也都被錄下來了。hide覺得很有趣，不但沒有消除那個聲音，還刻意放大當成音效。這兩個人有品味、有技術，都是知名的演奏者，有很多日本音樂人也是他們的歌迷。他們兩人都參與了hide的專輯，因此不只在日本音樂圈，連在西洋音樂圈，這張專輯都成為極大的話題。

ｈｉｄｅ的錄歌，是由Ｉ．Ｎ．Ａ擔任演唱審核。他是音訊工程師，歌唱指導並不是他的本行，但是，從錄單曲的時候就在一起，所以很自然地成了負責人。但是，他對ｈｉｄｅ演唱的投入可不是一般的程度。而且，ｈｉｄｅ還沒有完全確立自己的演唱模式，所以，一天要唱幾十個ｔａｋｅ，Ｉ．Ｎ．Ａ必須把那些全都聽過一遍再做審核。為了「作出更好的作品」的共同目標，Ｉ．Ｎ．Ａ會嚴格審核，ｈｉｄｅ也會不停地唱。有時，好不容易Ｉ．Ｎ．Ａ說ＯＫ了，ｈｉｄｅ自己卻不滿意。也曾經因為太過認真，把氣氛搞得很僵。在第三者看到會以為他們在吵架的氛圍中，無止無盡地錄歌。在這張專輯的工作表單中，ｈｉｄｅ不是演唱（Vocal）而是聲音（Voices）。這是因為他自己判斷，自己還沒到達可以抬頭挺胸說自己是演唱者的領域。

在發表出道單曲約半年後的一九九四年二月二十三日，發行了ｈｉｄｅ首張個人專輯《HIDE YOUR FACE》，創下一推出便登上 ORICON 排行榜第一名的痛快記錄。包括ＳＥ在內總共十六首曲子，是大約八十分鐘的力作。關於曲子多達十六首這件事，ｈｉｄｅ說：「不是放很多首曲子就是好，我只是不想作出讓人覺得『咦，這樣就沒了？』的專輯。」作為單曲發行的樂曲也收錄在內，但都是再混音過的不同版本。ｈｉｄｅ希望可以滿足存錢買自己ＣＤ的歌迷。

完成的專輯混合了各種類型的樂曲，是份量十足非常值得一聽的作品。儘管希望能放入多樣化的樂曲，但他並不認為有必要刻意端出不屬於自己內在的東西，所以匯集的東西都是來自蓄積在自己體內的音樂辭庫。ｈｉｄｅ聽過的西洋音樂專輯，也張張都是在短短的收錄時間內，放入了曲調多樣化的樂曲，所以聽到自己的專輯被評為「有各種類型的曲子」，反而覺得奇怪。

《HIDE YOUR FACE》這個專輯名稱，是ｈｉｄｅ最拿手的雙重意思，有「ｈｉｄｅ的臉」和「藏起你的臉」兩個意思。在日本會把 hide 的英文發音念成「haido」，與日文發音「ｈｉｄｅ」不同，所以，美國人會把ｈｉｄｅ的名字叫成「haid（隱藏）」。ｈｉｄｅ從這裡找到靈感，決定了這個名稱；再繼續發展，想加上「藏頭不藏尾」的意思，於是浮現出把封面作成假面具的靈感。他把這個想法告訴藝術總監，總監問：「假面具具體而言是什麼形象？」浮現在ｈｉｄｅ腦海的，是製作寫真集《無言激》時也曾帶給他靈感的 H. R. Giger。若問：「是怎麼樣的假面具？」他腦中只會浮現把人類的肉體零件與機械造型相融合，創造出獨特藝術的 H. R. Giger 的作品。所以，被問到：「是什麼形象？」ｈｉｄｅ為了讓對方容易了解，就提出了具體的名字，沒想到跟請Ｔｅｒｒｙ來時一樣，事情進行得非常順利，封面設計就使用了 H. R. Giger 製作的假面具。封面挖掉了Ｇｉｇｅｒ的假面具的一隻眼睛，下面露出ｈｉｄｅ的眼睛，作得十分精緻。初回限定盤更是把假面具作成立體模樣的豪華版。之後，Giger試探性地詢問：「要不要買那個假面具？」hide決定買下來。這個假面具和義眼戒指，都成了hide的寶貝。

發行專輯的一個月後，發行了第四張單曲《TELL ME》。這首曲子有Acecook的「超級杯麵」的廣告合作，連日在電視大量播放。廣告是請當時的大明星棒球選手清原和博演出，兩人在記者發表會上握手的照片，被大大刊登在體育報上。附加曲是專輯裡的《SCANNER》的二重唱版。二重唱的搭檔是LUNA SEA的RYUICHI，標題還有hide想出來的副標題《愛的二重唱？》

住在洛杉磯有修行僧的感覺

然後，開始了hide期待中（*9）的首次巡迴演唱。這是以他自己為主，首次舉辦的巡迴演唱，也是自己當主唱的第一次巡迴演唱。決定這次巡演時，hide首先想到的就是如何做到帶給觀眾最大滿足的巡演。演奏就不用說了，在演出、舞台設計、曲子順序、照明、音響等各方面，他都想做到最完美的展現，與工作人員再三召開精心策劃的會議。

選擇樂團成員，是演唱會巡迴旅行最重要的關鍵。hide自己選擇了有品味、有技術，又跟自己一樣有玩心的音樂人。

首先是音訊工程師I・N・A。當時，大部分的音訊工程師都是在觀眾看不見的舞台兩側工作，但是，hide早已在上電視演出時，以「覺得寂寞」為由，把I・N・A拉到了舞台上。程式設計並不是現場作業，當時DJ器材和程式設計都還不普及，所以，I・N・A疑惑地問：「我到底要做什麼？」hide說：「I・N・A，我希望你更往幕前發展。」到處替他增加演出機會。「既然要到幕前，就要打扮得華麗一點。」hide這麼說，曾經親自替I・N・A染頭髮，I・N・A這個藝名也是hide想的。

鼓手JOE來自活躍於一九八〇年代的日本金屬樂團 44MAGNUM，也曾以 ZIGGY 及 Diamond ✡ Yukai 的樂團成員身分大顯身手。hide與JOE的邂逅糟透了。他們跟彼此認識的朋友去喝酒，要去第二家續攤的路上，hide突然開始噹琅琅猛踢路邊的自動販賣機。驚訝的JOE趕緊拉住他，但是，到第二家店時突然挨了一頓打。隔天，接到hide拚命道歉的電話，JOE輕鬆地回說：「你當時喝醉了，所以不用介意。」那之後沒多久，hide就拜託他說：「有個巡迴演唱，你願不願意來打鼓？」

貝斯手CHIROLYN，是hide在電視上看到他正在替大澤志幸伴奏，心想：「我要跟這個貝斯手一起演奏。」就去邀請他了。實際見面時，都還沒彈奏，hide

就握住他的手說：「請多多指教。」他滿臉驚訝地說：「不用彈奏就可以決定了嗎？」開始排練沒多久後，累積壓力的ｈｉｄｅ用找他吵架似的挑釁口吻說：「臭小子，你為什麼是紅頭髮！」竟然就此消除了彼此的隔閡，兩人成了好朋友。

鍵盤手ＤＩＥ是國生小百合的伴奏樂團，也從事臨時樂師的活動，是ｈｉｄｅ找上了他。在六本木第一次見面時，ｈｉｄｅ把自己的專輯交給他，說：「如果你喜歡這張專輯，我希望你可以跟我一起演奏。」在這之前做過很多伴奏樂團工作的ＤＩＥ，感受到ｈｉｄｅ「不希望對方不喜歡、只是當成工作在做」的那股衝勁，對他留下「是個認真面對自己的音樂的人」的深刻印象。

吉他手ＲＡＮ是以美男子樂團聞名的 BLIZARD 樂團的吉他手，ＲＡＮ這個藝名是來自「和製 Randy Rhoads」（＊10）。ｈｉｄｅ跟ＲＡＮ並不熟，是請好朋友ＰＡＴＡ當中間人，三個人一起去阿佐谷喝酒，遊說ＲＡＮ當巡演的吉他手。喝完酒後，走到阿佐谷車站前的安全島時，ＲＡＮ說：「ＰＡＴＡ也去的話，我就彈。」所以，ＰＡＴＡ也決定加入了。ｈｉｄｅ在做樂曲時，基本上都是設定雙吉他。在這次的巡迴表演中，他是以演唱為主，所以原本就希望除了自己以外，還能有兩名吉他手。

就這樣，巡迴演唱的樂團成員都到齊了。ｈｉｄｅ接受採訪時，經常說：「決定找這些成員，是因為都會喝酒。」其實，個個都是有品味、有技術、非常有個性的強大成員。hide聚集這些樂團成員時，內心有點緊張。因為自從解散SAVER TIGER後，樂團的營運都是完全交給YOSHIKI負責，他在X JAPAN一直很享受「瘋狂吉他手」的位置。長時間習慣了那樣的狀況，hide很擔心自己會不會欠缺領導大家的能力，所以非常注意與每一位成員之間的溝通。

排練的第一天，hide突然說：「DIE，你染成金髮吧。」就讓其他成員在錄音室等著，自己開始替DIE染髮。因為當時的DIE是黑髮，在視覺上太單調了。不知道hide有美容師執照的DIE，被染髮時心中滿是疑惑：「這個人究竟是何方神聖？」

巡迴演唱的排練，整整持續了將近一個月。完美主義又愛操心的hide，是不準備周全就無法放心的那種類型，所以連日埋首排演。因為專輯只發行了一張，怕Live時間太短，他把所有曲子都改成比原曲更長的版本，還把西洋的翻唱曲也放進了演奏表。跟製作專輯時一樣，他也不希望讓觀眾覺得「咦，已經結束了嗎？」所以把能塞的想法都塞進去了。即使PATA說：「這麼多內容夠表演兩小時了。」hide還是很擔心地說：「哪有可能。」開演後才知道，Live足足有二個半小時以上的豐富內容。

包括追加公演在內共十七場的巡迴演出，門票都在公演當天售罄。基於「不希望每場Live都一樣」的堅持，hide每天都會變更Live的演唱表單。成員一進入會場，就會看到當天的演奏表張貼在後台的休息室。不只演奏曲，連細部演出都會變更，hide會花心思讓每天的Live都不一樣。他如此費心，是不想讓來看兩次以上的觀眾覺得無聊。Live由兩個部分構成，充實的內容讓人無法相信是只出了一張專輯的藝人的演唱會。有名為「CHIROLYN的房間」、「JOE的房間」、「DIE的房間」的各個成員的 Solo Corner，還有民謠 Corner。在五花八門的布景設計中，hide時而乘坐起重機、時而變成大蝴蝶、時而變成馬戲團小丑，展現一人分飾多角的活躍演出。另外，還有穿著白色婚紗的女性在半空中飛舞、全身套著網狀緊身衣的裸女在跳舞、還會把觀眾請到舞台上，是極富娛樂精神的華麗搖滾演出。螢幕放映著錄影帶及充滿話題的影片，舞台上的每個角落都展開出其不意的演出，形成五彩繽紛且熱鬧的舞台。

在巡迴演唱中，hide都很早進入會場。他會計算準備所需的時間，保留更充裕的時間進入會場，時間由自己決定。通常，Live的開演時間若是十九點，考慮到排練、髮型化妝時間，很多人會把進入會場的時間設定在十三點。但是，hide總是在中午前進入會場。他會先在休息室抽菸，然後繞會場一圈。接著，決定進場的地方，說：「今天從這裡進場。」或是在大廳走來走去，思考MC的話題。有時，他會拜託工作人員在早上七點進入會場，讓他們大吃一驚。早上七點還沒有人來，工作人員必須從請人來開鎖這件事做起。還有，最傷腦筋的是負責餐飲的人。當時，便利超商不像現在這麼多，很難找到一大早就開始營業的店。會場的餐飲負責人問：「要吃什麼？」得到的答案是：「想吃天婦羅蕎麥涼麵。」所以，當地的活動工作人員就來休息室的小廚房煮蕎麥麵。天婦羅是一大早起來，在自己家裡炸好再帶來的。要求的天婦羅蕎麥涼麵一大早送到了休息室，ｈｉｄｅ直呼：「好吃、好吃。」全部吃完了。在Ｘ的時候，他也是很早就進入會場。ｈｉｄｅ不喜歡Ｌｉｖｅ前匆匆忙忙的感覺，他的原則是作好萬全的準備，遊刃有餘地登上舞台。也經常在開演的兩小時前就作好準備，在休息室悠哉地抽菸，提振精神準備上舞台。

ｈｉｄｅ站上舞台時還非常小心一件事，那就是絕對不想讓臉上沾滿汗水。他非常討厭吉他手的頭髮因為汗水而緊貼在臉上的模樣，自己絕對不想變成那樣。這麼想的ｈｉｄｅ，從獨立時代就不喝舞台上的飲料。進入Ｘ成為主流後，他會在Ｌｉｖｅ前極力避免攝取水分，展開個人的巡迴演唱後，他從前一晚就開始注意了。ｈｉｄｅ的衣服大多是珐瑯、皮革、安哥拉山羊毛等容易出汗的材質，所以，衣服下面其實是汗流浹背，但是，他絕不讓臉部冒汗，總是若無其事地彈著吉他。

巡演出發前，ｈｉｄｅ拜託工作人員：「我要跟成員使用同樣的休息室、旅館，同進同出。」一個人歌手的休息室、旅館，大多與伴奏樂團的成員不同。但是，ｈｉｄｅ希望隨時與成員待在同一個空間。對ｈｉｄｅ來說，他們不是伴奏樂團，而是一起創造ｈｉｄｅ的Ｌｉｖｅ的夥伴。他還鼓勵成員們：「在舞台上必須比我還搶眼才行。」主唱搶眼是理所當然的事，所以，ｈｉｄｅ希望他們在Ｌｉｖｅ中，起碼要有擊敗那個ｈｉｄｅ的志氣。其實，不用ｈｉｄｅ提醒，非常有個性的六名成員也會在舞台上自由奔放地喧鬧，所有人團結一致，把ｈｉｄｅ首次巡迴演唱的舞台炒得熱騰騰。

不只對成員，ｈｉｄｅ對工作人員也很用心。他會徵詢工作人員的意見，覺得好就會馬上採用。看到自己的想法即刻被反映在Ｌｉｖｅ上，工作人員的士氣也越來越高昂。ｈｉｄｅ很會提振成員或工作人員的士氣，但他並不是刻意那麼做，而是天生的才能。ｈｉｄｅ只要營造氣氛，周遭就會形成不斷思考點子的自由氛圍。不知從何時開始，這些巡迴演唱的相關人員，都把自己稱為「松本組」。

第一次當主唱的巡迴演唱，讓ｈｉｄｅ變得非常神經質。當吉他手時，就算身體狀況不好或宿醉都還有辦法彈奏；但是，當主唱是使用自己身體一部分的喉嚨，所以不能那樣。ｈｉｄｅ在巡迴演唱中，如果接連兩天有Ｌｉｖｅ，第一天絕對不喝酒。也會克制喜歡的香菸，改抽名為Neo Cedar的極像香菸的止咳藥，某雜誌曾報導搖滾主唱前輩就是抽這種菸。他說：「喝酒破壞喉嚨，無法展現好的舞台，會對不起花錢來看表演的觀眾。」周遭工作人員對他如此克制的態度都非常佩服。第一天的Live結束，他會外帶喜歡的「炒飯或餃子」，或是叫旅館的房間服務。回到旅館，一個人邊吃飯邊看當天的Live的錄影帶，是他的日課。但是，第二天他就會帶著成員一起去各地開慶功宴，舉辦熱熱鬧鬧的宴會。

在巡演中，會有保鏢跟著他們一行人。不只是行進間，連去喝酒時都會跟著，所以hide不滿地說：「很感謝，可是好像被監視。」從慶功宴回到旅館後，覺得還喝不夠的hide說：「甩掉保鏢，再去一家喝吧。」找PATA一起從旅館的逃生口溜出去。他們確認過保鏢都在旅館最高樓層的酒吧喝酒，才悄悄走下逃生梯，跳上計程車說：「帶我們去有酒吧的地方。」兩人開心大叫：「成功了！」但一下計程車，就看到應該在酒吧喝酒的保鏢等在那裡，兩個人立刻被帶走了。「為什麼會知道我們溜走了呢？」、「而且，為什麼會連我們要去哪都知道，先繞到那裡呢？」親身體驗過保鏢的實力後，hide再也沒有逃脫過。

非常注意喉嚨的hide，在巡演中也曾覺得喉嚨狀況不太好。在排練試唱時，發覺喉嚨跟平時不一樣，怎麼唱都唱不順。他不想告訴成員，因為不想讓他們在Live前擔心，所以決定打電話找MICHIKO老師商量。他問：「在排練時試唱，覺得狀況不太好，現在快正式演出了，有沒有什麼好的處理方式？」MICHIKO老師說：

「聽你講電話的聲音，並沒有那麼糟，所以應該沒問題。」但不管說幾次「沒問題」，ｈｉｄｅ都不相信。最後，提出了這樣的要求：「ＭＩＣＨＩＫＯ老師，能不能送我沒問題君？」所謂的「沒問題君」是擅長畫圖的ＭＩＣＨＩＫＯ老師創造出來的人物圖案，當學生在巡迴演唱前變得神經質時，就替他們貼上「沒問題君」，鼓勵他們。ｈｉｄｅ希望老師可以送「沒問題君」給他。那個時候還沒有智慧型手機，沒有收、發那個人物圖案的方法。於是，ｈｉｄｅ把會場的傳真號碼告訴ＭＩＣＨＩＫＯ老師，然後待在擺在事務所的傳真機前，迫不及待地等著人物圖案傳過來。

對ｈｉｄｅ來說，當主唱是第一次，做ＭＣ也是這次的巡迴演唱第一次。他原本想不要說太多話，以寡言的模式混過去，但想到巡演成員的性格、以及舞台整體的氛圍，就覺得不太協調。在煩惱該如何做ＭＣ中，不知不覺到了Generalprobe（從頭到尾都與正式演出完全一樣的最後一次彩排）的日子。工作人員問：「ｈｉｄｅ，ＭＣ要怎麼做？」他充滿自信地說：「我會做出顛覆業界常識、前所未有的ＭＣ。」正好在場的ＰＡＴＡ問：「顛覆常識的ＭＣ是什麼啊？」他也不回答，只是嘻嘻竊笑。隔天的巡演初日，第一首曲子《DICE》結束後，ｈｉｄｅ握著麥克風，突然大吼：「請大家試著閉上眼睛。是不是都會看到令人厭惡的傢伙的臉呢？這首曲子就是講那個令人厭惡的傢伙的歌！」然後接上第二首曲子《SCANNER》的演奏。在舞台上彈吉他的ＰＡＴＡ暗想：「這就是顛覆常識的ＭＣ嗎？」工作人員好像也是這麼想，兩人面面相覷，拚命忍住了笑。演出結束後，ＰＡＴＡ說：「喂，松本，這就是你說的顛覆常識的ＭＣ嗎？」ｈｉｄｅ說：「對不起、對不起，請不要再提這件事了。」顯得十分沮喪。從巡演的第二天起，ｈｉｄｅ沒有再做那樣的ＭＣ，但把這次想太多而失敗的案例當成教訓，後來都是隨心所欲地做出從容自若的ＭＣ。在巡迴演唱的後半，他直截了當地說出了感謝觀眾的話：「這麼多人為區區小我而來，我松本真的非常開心。」最後又說：「感謝搖滾之神！」從巡演吸取許多經驗後，ｈｉｄｅ的ＭＣ大大進步了。

巡演（*11）後半，在橫濱體育場的兩天公演，演唱《HONEY BLADE》時，有穿著婚紗禮服的女性舞者在半空中飛舞的演出，讓觀眾大為震驚。那之後的公演都沒帶舞者，但是，某天在準備Ｌｉｖｅ開演的上午，ｈｉｄｅ突然說：「我還是希望這首曲子有舞者。」在場的女性工作人員因為熟悉這首曲子的行進，就被臨時拔擢為舞者了。ｈｉｄｅ說：「我會給妳詳細的指示，妳只要照我的指示行動就行了。」但是，臨時被推上舞台的女性工作人員，當然是煩惱得不得了。在正式演出中，ｈｉｄｅ果然如他所說，邊彈吉他邊在女性工作人員耳旁下達明確的指示：「向右、向左、在那裡轉一圈。」他的視線直直對著觀眾席，自己的演出還是跟平時一樣。女性工作人員對ｈｉｄｅ同時進行好幾件事的完美演出能力讚嘆不已，更敬佩他了。

Live的開場有很多種模式，hide會視日子而定改變出場的方式，帶給觀眾驚喜。在廣島的Live，他蓋住頭從觀眾席出來，但是途中被歌迷發現，造成大騷動。頭髮被拉扯的hide真的生氣了，大叫：「廣島混帳！」、「該死的廣島！」但觀眾完全沒有察覺，熱情如火。在唱完第五首歌的時候，猛然回過神來的hide，覺得自己很丟臉，在MC中向觀眾道歉說：「剛才真的太失禮了，為了向大家致歉，我從第一首歌重新唱起。」一把Live又重頭來過一遍。那時候hide喊「廣島混帳」的口吻十分可愛，所以，在巡迴演唱途中，松本組之間流行模仿hide的口吻說那句話。

「從來沒看過這樣的搖滾演唱會！」這麼大受好評的hide的第一次巡迴演唱，決定作成錄影帶（*12）作品發行。剛開始討論要把這次的巡演拍成影片時，hide是想做成再精製過的作品。他的想法是，製作以戴著 H. R. Giger 的假面具的男人為主軸的故事，把故事與Live影片結合，應該會很有趣。但巡演結束後，實際看過影片，發現演唱會本身的內容就夠豐富了，而且波瀾萬丈，比做出來的故事精彩多了。於是轉換方向，決定製作盡可能忠實呈現Live現況的錄影帶。

Live中就不用說了，工作人員連彩排、慶功宴、行進中的時間都在拍攝，所以影片題材的數量十分龐大。hide把那些題材都帶到洛杉磯，有時間的話就一直看。很高興完成了自己看都覺得有趣的巡演，看著那次巡演的光景也很開心。他打算把這趟快樂的巡演一五一十地作成作品，呈獻給世人，就此結束自己個人活動的第一階段，開始準備邁向下一個階段。他想全部重新開機，跨出下一步。ｈｉｄｅ的視線，已經轉向了第二張專輯。

回顧以個人歌手身分發行首張專輯、舉辦首次巡演的一九九四年，ｈｉｄｅ說：「是非常辛苦的一年。」在時間上非常辛苦，在精神上更是辛苦。在加入X之前，ｈｉｄｅ一個人管理 SAVER TIGER，有時要當壞人，想辦法壯大樂團，一直都在掙扎中。成為X的成員，角色轉為協助ＹＯＳＨＩＫＩ這個大支柱，就不必再自己去當標靶了。但是，開始個人活動後，又回到孤軍奮戰的狀態了。雖然有很多協助自己的夥伴和工作人員，但是都要等ｈｉｄｅ發出訊號，事情才會動起來。他是憑自己的意志，再次踏上了必須自己負起所有責任的荊棘之路。

不能不想的事、不能不做的事堆積如山。關在錄音室錄音，見不到Ｉ・Ｎ・Ａ之外的人、也沒喝酒的日子持續著。在這段期間，經常會陷入不想見人的狀態。這時候，他會以「目前鎖國中」來形容。怕寂寞、非常喜歡跟朋友在一起的ｈｉｄｅ，為了開拓個人表演者的道路，過著一個人艱苦奮戰的日子。

ｈｉｄｅ在美國與日本之間飛來飛去，一年有大半的時間住在洛杉磯。因此，不得不經常搭飛機，但ｈｉｄｅ非常討厭飛機，盡可能不想搭飛機。他說：「我不相信那麼硬、那麼大的東西可以在天上飛。」不論經歷過幾次，每次起飛、降落時手心還是會冒汗。

不論在日本或在美國，ｈｉｄｅ對居住地點都沒什麼堅持。他的理想是在一個地方安頓下來錄音，盡可能不要搭飛機，但眼前的狀況並不能如他所願。搭飛機時他幾乎睡不著，所以，搭乘時會帶好幾本書上飛機。因此，在飛越太平洋的時候，可以看完平時很難看完的厚書。

比起他初來乍到的一九八九年，洛杉磯在這幾年有了急遽的變化。唱片行不斷減少，路上也幾乎看不見搖滾哥、搖滾姊了。一九八九年時，街上還有華麗金屬的殘影，到他長期居住的一九九三年時，油漬搖滾抬頭，從ｈｉｄｅ崇拜的吻合唱團延續下來的美國搖滾氣氛逐漸淡薄。以前，光是開車奔馳在日落大道上，就會有搖滾的感覺，整個人興奮起來，最近完全沒那種感覺了。在當地生活，對美國失去憧憬後，洛杉磯對ｈｉｄｅ來說，成了沒車哪都不能去的不方便的城市。

而且，當時也是「拒絕二手菸」急遽擴大的時期。剛開始是在飛機內、機場內不能抽菸，後來在餐廳也不能抽，最後連在酒吧都不能抽了。ｈｉｄｅ很喜歡、很常去的居酒屋，店內也禁止抽菸了。ｈｉｄｅ必須每隔三十分鐘，去店外設置的抽菸場所抽菸。不僅是店，禁菸的風潮還毫不留情地湧入錄唱片的錄音室。密閉空間的錄音室嚴禁抽菸，但ｈｉｄｅ是個老菸槍，尤其是錄音時更是菸不離手。一天要抽四包菸，幾乎是一根接一根抽。點完菸就銜著菸開始彈吉他，然後接二連三地點菸、抽完扔進菸灰缸，還被說成「菸灰缸開花」。會在自己的公寓布置錄音室，最大的理由就是在外面的錄音室不能抽菸。

此外，洛杉磯還有一條對ｈｉｄｅ來說非常不方便的法律。那就是深夜二點後，不能在店裡喝酒精飲料。「好，去吃飯順便喝一杯吧！」結束錄音工作，這麼想的時候，經常都很晚了。邊吃飯邊聊天，很快就過了兩點。即使才剛開始喝，大酒杯裡還有剩下的啤酒，只要過了凌晨兩點，店員也會馬上把酒杯收走。對喜歡續攤喝酒、一開始喝就要喝很久的ｈｉｄｅ來說，這是一條讓人十分不悅的法律。

從ｈｉｄｅ家開車大約要三十分鐘的市中心，有家居酒屋過了兩點也會提供酒類。當然，不是公然提供，而是把日本酒或啤酒裝在茶壺裡，用茶杯喝的一家怪店。萬一警察來了，不論喝到多醉，都要裝出沒喝的樣子，刺激滿分。而且，是一間完全稱不上雅緻的粗俗的店，價格卻貴得嚇人。「為什麼要付那麼多的錢，喝裝在茶壺裡的啤酒呢！」ｈｉｄｅ總是這麼抱怨，但是，深夜無論如何都想喝酒時，也只能驅車直奔這裡。

不能在外面喝酒喝太晚，也沒有打電話可以找的夥伴，所以，在洛杉磯時，再不情願他也寧可把精神集中在錄音工作上。這當然是好事，但是，沒有發洩壓力的地方，也很傷神。「去洛杉磯時，都是抱著修行僧般的心情。」這麼說的ｈｉｄｅ，很想趕快回日本跟大家一起喝酒。他好想隨心所欲地抽菸、續攤好幾家想去的店，一直喝酒喝到早上。在洛杉磯，他總是這麼想著，把所有精神投入錄音工作。

在這種埋首工作的生活中，想轉換心情時，ｈｉｄｅ偶爾會在公寓頂樓主辦烤肉聚會。他會準備烤肉道具，在八百半購買許多食材，生火烤肉、烤蔬菜。鬧得太晚怕附近鄰居會報警，所以，他會在天還亮的青空下，悠悠哉哉地跟大家一起喝酒、吃東西、喧鬧。在這裡要抽多少菸都行，ｈｉｄｅ非常開心。住同一棟公寓大樓的ＨＥＡＴＨ，每次都會被找來參加烤肉聚會。即使說：「明天要錄音，所以不能去。」ｈｉｄｅ也會打好幾通電話說：「快點來嘛～ＨＥＡＴＨ不來就不會結束。」ＨＥＡＴＨ最後都會被逼得不得不去。在非常討厭的洛杉磯藍天下，ｈｉｄｅ帶著大家烤肉，開心地喝著罐裝啤酒。

有朋友從日本來洛杉磯，ｈｉｄｅ就非常開心，會跟他們一起去喝酒、帶他們去很多地方。由Ｘ的樂團管理人員組成的 EXTASY RECORDS 的後輩樂團 TOKYO YANKEES 要來錄音時，他也非常開心。屈指數著他們到來的日子，仔細調查過他們住宿的旅館及唱片錄音室的場所，全心全意為他們作好準備。然後，算準他們工作結束的時間，去唱片錄音室，若無其事地坐在大廳。看到成員驚慌地問：「ｈｉｄｅ哥，你在這裡什麼？」ｈｉｄｅ就很開心。他們住在洛杉磯的那幾天，ｈｉｄｅ每天都會衝到 TOKYO YANKEES 的錄音室，叼著菸、眼神閃閃發亮地問：「結束後要去哪？」

一九九四年十二月十日到三十一日，在東京的後樂園遊樂場舉辦了「Ｘ ＪＡＰＡＮ Ｄａｙｓ」的活動。除了在特設空間展示成員的衣裝、樂器外，還有Ｘ ＪＡＰＡＮ博物館、紀念寫真區、播放錄影帶，是把整個遊樂場都布置成Ｘ ＪＡＰＡＮ的劃時代活動。有個企劃是，在這期間的其中一天，包下閉園後的整個遊樂場，讓Ｘ ＪＡＰＡＮ的成員搭乘遊樂設施玩樂。那時候，正好 Michael Jackson 包下東京迪士尼、滾石合唱團包下後樂園遊樂場的新聞被媒體炒得沸沸揚揚。Ｘ ＪＡＰＡＮ所受到的待遇，簡直是等同於世界級明星。因為在一定時間內可以玩遊樂設施玩到飽，所以，除了感冒缺席的ＰＡＴＡ外，所有成員都興高采烈地狂坐遊樂設施。ｈｉｄｅ坐後樂園遊樂場最有名的雲霄飛車，坐得很痛快。他從小就怕搭交通工具，是那種搭短程的車子、船都會暈的體質。但是，自從在洛杉磯克服了雲霄飛車後，就自稱是「雲霄飛車高手」了。

在這之前的前一年，在洛杉磯郊外的長灘體育館，進行Ｘ ＪＡＰＡＮ的影片演出用的Ｌｉｖｅ拍攝（*13），很多相關人員從東京來採訪。當時，在錄音室檢查完大量寫真的ｈｉｄｅ和ＨＥＡＴＨ，邀東京來的朋友一起去玩，大家起鬨說：「難得來洛杉磯，當然要去魔術山世界！」魔術山世界是遊樂設施幾乎都是雲霄飛車的遊樂場。害怕搭交通工具的ｈｉｄｅ非常討厭雲霄飛車，但是大家都興致勃勃，他只好跟著去。嫌遊樂場的遊樂設施太過激烈的ＰＡＴＡ說：「我討厭雲霄飛車，所以晚上喝酒時再找我。」但是，ｈｉｄｅ努力遊說他說：「我也討厭啊，可是，老是因為討厭而逃避，人生永遠無法向前邁進，必須克服恐懼的東西！」希望ＰＡＴＡ跟平時一樣一起去。

隔天，不論ｈｉｄｅ怎麼打電話，ＰＡＴＡ都沒接。ｈｉｄｅ心想：「他雖然那麼說，但是不找他，他一定會鬧脾氣。」就衝到ＰＡＴＡ家，把黏在沙發上拒絕出門的ＰＡＴＡ硬是拉上九人乘坐的凱迪拉克，意氣風發地前往魔術山世界。然後，他宣布要克服對雲霄飛車的恐懼，坐上遊樂場內公認最可怕的雲霄飛車，一路上不停地慘叫：「不要啊～！」、「快停下來～！」、「放我下去～！」從雲霄飛車下來後，把黑色針織帽拉到下巴，在什麼也看不到的狀態下搭雲霄飛車的ｈｉｄｅ的照片，就貼在紀念寫真專區最醒目的地方，大家看到都大爆笑。但是，即便是在用針織帽遮住眼睛的狀態下，也算是成功克服了從小害怕的雲霄飛車，ｈｉｄｅ抬頭挺胸地說：「太好了！我終於戰勝世界上最討厭的雲霄飛車！」嗨到最高點的ｈｉｄｅ說：「好，去舉杯慶祝吧！」但是，在正中午的烈日曝曬下只搭了一種雲霄飛車的ＰＡＴＡ，正好跟ｈｉｄｅ相反，身體狀況不太好，他說：「我不舒服，先回去了。」一個人寂寞地回家了。

繼TOSHI、PATA、hide之後，HEATH也即將展開個人活動。hide會去TOSHI的個人Live當來賓，也會去PATA的個人Live玩，對成員的個人活動都非常有興趣，所以，對當成弟弟的HEATH的作品也十分關注。他會動不動就去找HEATH，想詢問他個人作品的內容。但是，害羞的HEATH叮囑他說：「完成前我不想讓任何人聽，所以，請絕對不要來錄音室。」

hide是自己的作品一完成，就會把HEATH叫來房間，讓他聽。《Seth et Holth》完成時也馬上給他看了，solo樂曲完成時也會想聽聽他的意見。所以，HEATH老是不給他聽自己的個人作品，讓他感到落寞。最後，hide沒事先通知，就突然跑去錄音室看他了。「我來啦～」抱著一堆點心的hide，滿臉笑容地走進了錄音室。受到驚嚇的HEATH說：「對不起，即使是hide哥，也不能在完成前先聽！」把hide拉到錄音室的大廳。「人家就是想聽嘛……」hide像孩子般嘟起嘴，HEATH還是說：「hide哥不回去我就不錄音！」堅持不肯退讓。hide失望地說：「我知道了，你錄音吧，加油。點心要吃喔……」無精打采地邁出錄音室回家的hide的背影，看起來十分落寞。

好不容易完成作品，HEATH打算帶著專輯去拜訪hide在洛杉磯的家，親手把專輯交給他，為自己把他轟出錄音室的事道歉。但是，想比誰都早聽到HEATH的個人專輯的hide，到處拜託人，在他送來之前就已經拿到聲源了。

HEATH回到洛杉磯時，房間門下塞著一封信，信上寫著hide聽完HEATH的個人作品後的感想。看完那封信，HEATH不由得淚水盈眶。隔天，在錄音室碰面時，hide只說了聲「嗨」，一副什麼事也沒發生過的樣子。這是他平時掩飾難為情的表現。直到最後，hide都沒提起關於信的事，但那封信成了HEATH一輩子的寶物。

第5章

非推出這個優秀的樂團不可！

開始個人活動後，ｈｉｄｅ成立了自己的個人事務所「HEADWAX ORGANIZATION CO., LTD.」。當時正好是Ｘ　ＪＡＰＡＮ的成員各自成立個人事務所的時期，ｈｉｄｅ心想為了自己今後的個人活動，也需要一家全面支持自己的公司。HEADWAX 這個公司名稱的由來，是「把頭磨亮」的意思，因為ｈｉｄｅ認為「今後的時代，不只藝人，工作人員本身也要自己思考（把頭磨亮）、行動」。公司的標誌也是以「迎向未來」的形象做設計。他對還沒決定所屬公司的ＨＥＡＴＨ說：「小老弟，你沒地方去吧？在成立自己的事務所之前，先待在這裡吧。」也決定了他的所屬公司。

ｈｉｄｅ對待自己事務所的工作人員，也跟對待成員一樣，非常重視家人般的羈絆。HEADWAX 成立後的第一個聖誕節，ｈｉｄｅ送男性工作人員領帶、送女性工作人員飾品。他挑選適合各個工作人員的顏色、花色後，把所有禮物交給一位女性工作人員說：「這是聖誕節禮物，交給大家。」但是她說：「ｈｉｄｅ哥，請你親自交給大家。」ｈｉｄｅ只好親手交給所有人，只是面對面給怕難為情，所以他沒看對方的眼睛，粗魯地塞給了對方。

HEADWAX 絕對不會錯過新年會、望年會等例行活動，ｈｉｄｅ非常注重與員工之間的交流。他把工作人員都當成一起工作的夥伴，非常珍惜，也會對女性工作人員說：「今後女性必須自立。」不斷把必須擔負責任的職務交給她們。察覺有工作人員為工作的事煩惱時，就會對方約出來喝酒說：「大家或許都覺得我是個蠢老闆，但是，我畢竟是 HEADWAX 的老闆，所以有什麼事都可以老實告訴我。」跟對方討論。員工對工作有所埋怨時，他會說：「好，今天來個抱怨大會，喝酒去！」想辦法讓他們發洩壓力。

公司的營運開始步上正軌時，ｈｉｄｅ雇用了弟弟裕士當實習經紀人。原本是想讓他當保鏢，最後變成保鏢兼經紀人。ｈｉｄｅ其實是想「把他培育成掌管公司、做企劃的人，將來成為自己的左右手」，所以這次的雇用是為裕士的將來做打算，但裕士毫不知情。ｈｉｄｅ不想被周遭人誤會「是偏愛自己人才把弟弟帶來工作現場」，所以，有段時間對周遭人隱瞞了裕士是親弟弟這件事。裕士以前是在跟音樂界完全不同的地方工作，為了把這樣的裕士培養成一流的經紀人，ｈｉｄｅ從零開始嚴格地教他工作。在無法想像的嚴格中，裕士咬緊牙關學會了工作。當時的裕士並不知道，那之中蘊含著「希望弟弟早日成長」的ｈｉｄｅ的期待。

對裕士、對工作人員，ｈｉｄｅ必說的一句話是「嚴禁遲到」。理由是若沒趕上時間，人會焦慮，就無法在最好的狀態下工作而且也會浪費周遭人的寶貴時間。ｈｉｄｅ不僅對周遭人這麼說，自己也嚴守時間，平時絕對不遲到。

就在這個時期，ｈｉｄｅ很乾脆地剪掉了長髮。從高中時代起，他就堅持「搖滾要留長髮」，除了就讀美容學校時，因為不得不的理由一度剪掉外，他一直留著長髮。剪掉這樣的長髮有明確的含意——如果說長髮是搖滾的象徵，那麼，剪掉長髮，就是意味著想要飛向更遼闊的世界。他要飛越搖滾這道音樂藩籬，邁向更寬廣的領域。為了表現這樣的決心，他告別了長年相伴的髮型。而且，連髮色都從紅色改成有震撼性的鮮豔粉紅色，這個衝擊性粉紅髮色後來成為他的商標。剪掉長髮的ｈｉｄｅ，服裝也從以前以搖滾風為基調的衣服，變成色彩鮮豔、有未來形象的衣服。這不僅是因為頭髮剪掉後適合穿各種衣服，也是為了呈現出他挑戰新事物的明確姿態。

這時候，Cornelius 亦即小山田圭吾，委託ｈｉｄｅ替他的作品做再混音（*14）。契機是ｈｉｄｅ很喜歡被稱為澀谷系（*15）旗手的 Cornelius 的音樂，知道這件事的編輯，就安排他在某雜誌與小山田拍攝封面、對談。當時，在搖滾音樂人當中，有不少人拒絕把自己做的曲子五馬分屍後再混音的手法。但是，使用電腦製作個人作品的ｈｉｄｅ卻大大歡迎。Cornelius 的專輯中，有一首名為《Heavy Metal Thunder》的樂曲，ｈｉｄｅ猜「委託的應該是這首曲子吧」，結果真的是那首曲子，讓他不禁莞爾。第一次經手的再混音，他覺得很有趣，對他後來的音樂性也有極大影響。

ｈｉｄｅ很喜歡聽ＣＤ和試聽帶，所以，事務所裡有堆積如山的聲源。有的是工作人員給的，有的是音樂人本人說：「想給ｈｉｄｅ哥聽聽看。」親自送來的，集合了各式各樣的聲源。某天，工作人員一如往常把其中幾張交給ｈｉｄｅ，隔天，一到公司營業時間，就接到了電話。ｈｉｄｅ會在上午打電話來，通常一定是問：「我昨天做了什麼？」這天卻不一樣，從電話那頭傳來興奮的聲音說：「喂，那個是什麼？那個！」工作人員以為他在生氣，戰戰兢兢地問：「你說的那個，是什麼？」但ｈｉｄｅ一直說：「就是那個啊！那個！」然後說：「先不要說出我的名字，馬上去查他們有沒有跟哪裡簽約！如果還沒有，馬上把他們簽下來！」原來ｈｉｄｅ是聽完昨天晚上拿到的ＣＤ，深受感動，所以一大早就打電話到事務所。

讓ｈｉｄｅ這麼感動的是，ZEPPET STORE 這個樂團的ＣＤ。全部都是英文歌曲，所以ｈｉｄｅ原本以為是國外的樂團。調查後才知道，是在下北澤一帶活動的四人組合，知名度還不高，在小小的 Live House 兢兢業業地演出。ｈｉｄｅ聽到的ＣＤ，只壓了一千張，已經絕版了。他們樸實的外型與視覺系完全相反，演奏的歌曲與旋律蘊藏著撼動人心的驚人力量。ｈｉｄｅ湧現「非推出這個優秀的樂團不可！」的強烈想法，覺得這是上天賦予自己的使命。

沒多久，ｈｉｄｅ與 ZEPPET STORE 的成員見面了，但是，天生的怕生模式完全啟動，在成員面前他一句話都沒說。有段時間，都是在場的樂團經紀人一個人在說話，但隨著時間慢慢過去，他也稍微融入了。他結結巴巴地說出對專輯和樂曲的感想，那真摯的眼神讓成員很感動，覺得「啊，這個人真的很用心在聽我們的專輯呢」。ｈｉｄｅ對他們說過：「如果不嫌棄，加入我們事務所吧？」但是，ZEPPET STORE 一直沒有答覆。「果然因為（我）是視覺系，所以不行吧？」內心這麼想，不安地等待回覆的ｈｉｄｅ，每天都問工作人員：「還沒回覆嗎？」那模樣簡直就像在等待女朋友回應的少年。

其實，儘管他們還沒有知名度，也沒有觀眾動員數，卻已經有很多事務所看好他們新鮮的ＵＫ吉他搖滾音色與高度音樂性，向他們招手了。但是，他們相信第一次見面時熱心談著音樂話題而不是商業話題的ｈｉｄｅ，想要「跟隨這樣的人」，所以跟 HEADWAX 簽了合約。

為了推銷 ZEPPET STORE，ｈｉｄｅ在主流的唱片公司中，成立了 LEMONed 這家唱片公司。恰巧在同一時機，接連遇見了音樂人老朋友的集團 VINYL、被介紹為視覺創意集團的 trees of Life（t.o.L）、以及刺激ｈｉｄｅ感性的藝術家，所以，他決定發行介紹他們的目錄簡介ＣＤ和目錄簡介影帶。LEMONed 這家唱片公司，不僅做音樂，也收集被ｈｉｄｅ的天線攔截到的各種「有趣」、「酷炫」的東西，傳遞給世人。這張ＣＤ和影帶裡，有每個樂團的一段錄影，以及原創周邊商品的郵購資訊，內容是採用ｈｉｄｅ最喜歡的電話購物方式的幽默結構。

原本就很會照顧後輩的ｈｉｄｅ成立的事務所，成了音樂人的避難所。他會對煩惱的音樂人說：「利用我、把我當成踏板都沒關係，好好加油。」鼓勵他們。結果，雖然有不少企劃案沒能台面化，但是，ｈｉｄｅ成為迷惘音樂人的老大哥般的存在。

目錄簡介ＣＤ與影帶發行當天，LEMONed Shop 在原宿表參道塗成亮黃色的大樓中開幕了。ｈｉｄｅ喜歡的時尚、雜貨、原創商品，擁擠地陳列在五彩繽紛的店內。大樓上面還有ｈｉｄｅ專屬的髮型化妝專家沙龍「SQUASH」，是一間什麼都有快樂店鋪。「我想若是從搖滾衍生出來的所有東西、商品、衣裝、髮型化妝、酷炫的東西、可愛的東西，全都集中在一家店該多好。」這就是ｈｉｄｅ腦中的店鋪概念。ｈｉｄｅ強調說，自己不是 LEMONed 的製作人，純粹只是個收藏者。他說他不是「請他人做自己喜歡的東西」（製作），而是「收集客人喜歡的東西」（收藏者），他想保有這樣的態度。

ｈｉｄｅ從開始做音樂時，就認為自己是「沒有從零創造音樂的天才才能，必須架起天線尋找好的東西，在自己體內把那些東西熬乾作成音樂」的類型，不是天才型，而是努力的秀才型。LEMONed 是貫徹、沿襲他這種想法的唱片公司。

LEMONed 這個詞，是ｈｉｄｅ拿手的造語。LEMON 這個單字，除了水果檸檬的意思之外，也有俚語「不良」的意思。hide在後面加上過去式的ed，做出了「以前是不良品」的造語。他做出這個造語時的心情，是希望以微乎其微的機率被生產出來的不良品，在大量生產是理所當然的現代大放異彩時，可以笑著說「我們曾經是不良品」。LEMONed的概念「こわいい（kowaii）」，也是把「こわい（kowai，可怕）」與「かわいい（kawaii，可愛）」混在一起的造語。hide選擇話語的品味，以及做造語時的著眼點都十分出色，能夠更鮮明地表現出他做出來的作品和世界。

決定在hide的事務所進行活動的ZEPPET STORE，要開始錄新曲的試聽帶了。雖說是試聽帶，卻是在以前的錄音室無法比擬的豪華錄音室錄音，所以成員都卯足了勁，再次推敲歌詞和編曲迎戰錄音。聽到那張完成的試聽帶時，hide十分動容，拿去美國的唱片公司參加競賽，結果有三家公司向他們招手。就這樣，在美國的CD出道比在日本早了一步。住在洛杉磯的hide說：「既然決定在美國出道，就在這裡宣傳吧。」預定讓成員去美國一個月。面對突如其來的進展，他們對hide的實行力除了驚嘆還是驚嘆。

這一個月內，ZEPPET STORE在美國西海岸舉辦了三次Live，hide也去看了他們的演出。果然如hide所料，美國人也非常友善地接受了他們的演奏，hide開心得就像是自己的事。尤其讓hide又驚又喜的是，在他們演奏的曲子當中，最受美國人歡迎的是節目單裡唯一的一首日文歌。這是hide開始感受到日文在全世界的可能性的最初契機。

某天晚上，hide和成員在日式餐廳用餐後，分別搭乘兩輛車回家時，從收音機傳來ZEPPET STORE的曲子。hide聽到後，興奮地大叫：「在播放呢、在播放呢！」從車子下來，含著高興的淚水擠進ZEPPET STORE成員搭乘的車。然後，所有人擠在狹窄的車子裡，默默傾聽從收音機傳來的自己的歌，聽了四分鐘。曲子結束時，成員轉向hide說：「謝謝，hide哥。」卻看到hide露出幸福的表情，在後座呼呼大睡了。

hide面對ZEPPET STORE的成員，也是貫徹「自己雖是所屬事務所的老闆，但並非製作人」的態度。他是ZEPPET STORE的頭號歌迷，所以，始終維持只是協助他們在主流好好表現的姿態，從來不過問音樂相關的事。他說：「我非常喜歡現在的ZEPPET STORE，所以沒有任何我可以過問的地方。」即使成員徵詢他的意見，他也只會說：「非常好！」主唱者木村世治在與他漫長的交往中，只聽他提過兩個意見。一個是「你有一雙木炭般的眼睛，所以站在舞台上時，最好在眼睛上更加使力。」另一個是要從日本的主流唱片公司出道時，他說：「既然是在日本出道，最好唱日文歌吧？」

hide的願望只有一個，那就是「如果在美國得獎，發表感言時請說一句『謝謝

ｈｉｄｅ』。我只要這樣就夠了，所以要答應我喔」。夢想著哪天要在美國出專輯、舉辦Ｌｉｖｅ的ｈｉｄｅ，看到自己發掘的 ZEPPET STORE 比自己早一步在美國大顯身手，真的非常開心，也覺得很驕傲。

對於工作人員無法理解 ZEPPET STORE 的好，ｈｉｄｅ也難掩焦躁。要發行他們的聲源時，ｈｉｄｅ擺出老闆的臉，問負責宣傳的工作人員：「可以做好宣傳嗎？」那個工作人員不小心說出了真心話：「老實說，我不知道 ZEPPET STORE 的音樂好在哪裡。」ｈｉｄｅ暴怒地說：「為什麼不知道？如果不知道，可以聽幾百次聽到知道為止啊！」把牆壁敲到破了一個洞。當時的ｈｉｄｅ的表情不是憤怒，而是充滿「為什麼不試著去了解這個樂團的優異呢」的落寞。

「想見ｈｉｄｅ一面」是那個女孩唯一的願望。住在和歌山縣的國中三年級學生真由子，罹患免疫力低下的先天性代謝異常症（GM1 gangliosidosis），為這個全世界僅有二十三例的疑難雜症所苦。現代醫療無計可施，只能動手術移植姊姊的骨髓，做延命治療。那是有危險性的手術，但並不能完全治好她的病。父母想在她動手術前，完成她的夢想，於是與替疑難雜症的孩子們實現夢想與希望的「Make a wish of japan」團體取得連絡。

HEADWAX接到Make a wish of japan的連絡，是在X　JAPAN（*16）開始全國巡迴演唱的一九九五年後半。聽到這件事的工作人員，把疑難雜症的少女的願望告訴hide，他立刻答應了。「那麼，請她來看東京巨蛋的演出吧。」因為hide這樣的提議，真由子去看了X　JAPAN年末的東京巨蛋公演。hide想讓她開心地觀賞X　JAPAN的Live，然後跟她在後台說說話。但是，她是疑難雜症的患者，光是看Live都比健康的人更消耗體力。hide指示工作人員：「不必替我想，一切以真由子的體況為第一考量。」

東京Live當天，演唱會一結束，hide沒有先沐浴，就穿著表演的衣服去後台見真由子了。「Live怎麼樣？」這麼招呼她的hide，額頭閃爍著汗珠，在送給她的吉他上簽名的手也在發抖。平時表演完後，在招呼相關人員之前，他會先沐浴、卸妝，換上便服。但是，這時候的hide擔心真由子的體況，想盡快跟她見面。真由子為了這一天，在病床上一心一意地編織圍巾，送給了hide。收到手編的黑色圍巾，hide馬上圍在脖子上，問：「怎麼樣？」凝視著真由子的臉。真由子看到這樣的hide，開心地露出微笑。原本擔心她的身體，但是，這一天的狀況似乎非常好。

到此為止都有攝影機在場，但是當兩人的會面結束，採訪媒體都離開後，hide又問真由子：「如果不累的話，要不要去看看慶功宴？」這並不是預定內的行程。真由子用力點頭說：「嗯！」在去慶功宴會場的路上，ｈｉｄｅ一直握著真由子的手，配合她的腳步慢慢走。不論有沒有攝影機在場，ｈｉｄｅ的態度都沒有改變，讓真由子好感動，一股暖流湧上心頭。在慶功宴上，ｈｉｄｅ說：「這是我的好友。」把真由子介紹給Ｘ　ＪＡＰＡＮ等許多同伴。

真由子實現了願望，Make a wish of japan 成功完成了企劃。每個人都為這個圓滿大結局感到高興，然而，兩人之間的交流並不是到此為止，而是從這個時候開始。在東京巨蛋見面之後，兩人仍保持書信往來，ｈｉｄｅ一直在鼓勵她。想到新朋友正以小小的身軀與嚴重的疾病奮戰，他就覺得自己太幸運了，不由得感謝周遭的人。與真由子的交流，讓他開始思考以前不曾思考過的事，因此察覺到許許多多的事。

她病危時，ｈｉｄｅ馬上取消工作趕到醫院，好幾個小時都隔著玻璃，鼓勵在無菌室裡與生死搏鬥的她。可能是感受到ｈｉｄｅ的熱情，真由子的病況奇蹟似地好轉，保住了性命。

與她交流期間，ｈｉｄｅ開始思考捐贈骨髓銀行的事。在這之前，幾乎沒生過什麼大病的ｈｉｄｅ，連捐贈的意義都不太理解。自從認識了真由子，看到她奮戰的模樣，才開始思考「自己能做什麼」？

從洛杉磯回到東京的某一天，ｈｉｄｅ去了廣尾的醫院登記捐贈。但擔心ｈｉｄｅ

突然出現在醫院會引發騷動，所以事前也跟負責的醫生說好了，從後門進去。然而，hide走在醫院的走廊時，竟然有很多媒體從另一頭湧向了他。電視攝影機、一般相機、電視採訪記者、報社記者……對這場騷動毫不知情的hide大驚失色，瞬間就被媒體包圍了。這天hide會去骨髓銀行登記捐贈的消息外流，所以想採訪他的媒體大舉湧進了醫院。有幾個工作人員事前就知道這件事，但對hide本人來說簡直就是青天霹靂。

醫院大廳臨時設置了記者會會場，hide被迫在攝影機前說了關於骨髓銀行和登記的事。如果是其他事情，hide說不定會掀桌轉頭走人，但是，他絕對不想因為他的關係，害得骨髓銀行和捐贈登記折損了形象。「我沒有想太多，純粹只是想行動。」、「我不擅長說話，所以，希望聽我的音樂的孩子們，看到我的行動也會去思考這件事。」hide以簡短的話語回答採訪記者的問題。拍照時，他把剛製作完成的自己的捐贈卡拿到攝影機前給大家看。hide拚命忍住湧上來的怒火，冷靜地應付採訪。

那之後，他在沒有媒體相關人員的地方，把未經他允許就安排採訪的工作人員狠狠罵了一頓。「你這麼做，不是成了沽名釣譽嗎！」hide大發雷霆。他刻意從後門進去，就是想在沒人知道的狀況下登記，所以無法原諒踐踏了這份心意的相關人員。

然而，諷刺的是，因為hide的這個行動，大家對骨髓銀行、捐贈登記的認知度有了飛躍的成長。他自己在Live會場，也開始做替骨髓銀行做宣傳和募款，盡力拓展大家對這個制度的理解和支持。

認識真由子之後發行的第五張單曲《MISERY》的歌詞，據說就是hide為她而寫的。

這張專輯若是不賣，就拋棄日本吧

X JAPAN的第三張專輯《DAHLIA》錄音結束的一九九六年春天，hide再度展開第二張個人專輯的錄音。從前年開始，他就利用X JAPAN錄音的空檔認真地作曲，已經有二十多首曲子的庫存了。只要進行正式配音、填補不足的音、編輯……等最後作業就行了。但是，重聽前年作的曲子，不知道為什麼完全沒有心動的感覺。既沒有新鮮感，也沒有激情。「這樣不行。」一直覺地這麼想的hide，留下有可能性的曲子，其他都作廢了。專輯預定秋季發行，所以，hide和I．N．A立刻著手創作第二張專輯用的新樂曲。

在做這個英明的決斷前，hide發生了很多事，包括個人事務所的成立、與ZEPPET STORE的震撼邂逅、LEMONed的起步、Cornelius亦即小山田圭吾的再混音委託案、與疑難雜症少女的邂逅等。錄第一張專輯時，他在洛杉磯的音樂圈幾乎沒有朋友，但是，這時候有了外國的音樂人朋友，與他們之間的交流也非常熱絡。受到這麼多的邂逅與經驗的刺激，ｈｉｄｅ本身的音樂也起了化學變化，他無法壓抑想把那種感覺直接作成音樂的衝動。第二張專輯也有著重於速度感的構想，所以，反覆琢磨後，毫不猶豫地廢棄了作好的樂曲。

ｈｉｄｅ和Ｉ．Ｎ．Ａ關在房間裡，足不出戶，埋首作曲。把人類的 groove 和機械的 groove 結合作出搖滾樂的基本路線，與第一張專輯一樣。要說第二張哪裡不一樣，那就是把作為曲子骨架的電子合成貝斯，改成由ｈｉｄｅ自己彈奏的電子貝斯。ｈｉｄｅ彈奏的貝斯，完全就是吉他手的味道，有很多支撐吉他 Riff 底部的樂句，成為深厚的聲音基底。前一年作曲時有很多時間，所以，他以輕鬆的心情嘗試彈奏了以前就有興趣的貝斯，結果覺得很有趣就迷上了。看到厲害的貝斯手，挑動了他的競爭心，凡事追求完美的他，就熱衷地練習了貝斯。在作曲時，ｈｉｄｅ腦中就已經響起了貝斯的編曲，所以，他有自信自己彈奏的貝斯就是理想中的樂句。為第二張專輯作的曲子，全部是由ｈｉｄｅ彈奏貝斯，音色和彈奏方式都是想像最喜歡的 SAVER TIGER 的ＴＯＫＩＨＩＫＯ和ＴＡＩＪＩ的貝斯。

鼓手是請第一次巡迴演唱時的成員ＪＯＥ，以及 ZEPPET STORE 的柳田英輝（現：

YA／NA）來洛杉磯錄音。有兩人分別擊鼓的曲子、雙鼓手的曲子、也有與電腦MIDI編輯音色混合的曲子，做了各種實驗，追求美好的音色與擊鼓。收錄在專輯裡的《FLAME》，是hide去看ZEPPET STORE的Live後作出來的曲子，請柳田擊鼓後，又從中得到靈感，才決定了編曲。以ZEPPET STORE成員的身分參加這張專輯製作的人，雖然實際上只有柳田一人，但是，ZEPPET STORE對hide產生極大的影響。

儘管最後截止日都決定了，還是把已經作好的庫存曲大半作廢，又從頭開始作新的樂曲，所以，錄音行程比以前都嚴苛。除了睡覺時間外都關在錄音室裡，過著埋首作曲的日子。I・N・A面對電腦，hide在他旁邊彈著民謠吉他哼歌。輸入作業由I・N・A負責，hide專心把自己的初期衝動很直接地傾吐出來。那種感覺就像兩人即興演奏，作出名為「hide」的樂團的曲子。看在旁人眼裡，會覺得他們兩人做的事，純粹就是「把自彈自唱的曲子錄到錄音帶裡」的類比式的作業。只不過錄音器材不是錄音機，而是最先進的硬碟。類比式絕對做不到的曲子構成的變更、把同樣的演奏複製／貼上，都成為可能。兩人客觀地看這樣的自己，說：「我們正在運用科學呢！」、「不過，發想很愚蠢呢！」、「那麼，我們做的是蠢科學！」一起笑翻了。就這樣，決定了第二張專輯的名字《PSYENCE》。這是hide的造語，從「PSYCHO（神經病）」和「SCIENCE（科學）」兩個單字改造而來。

他在這張專輯中，一人身兼製作人、作詞家、作曲家、主唱、吉他手、貝斯手六職。第一張專輯時還沒有信心的演唱，也達到了自己可以接受的水準。

hide把天線攔截到的刺激性精華，全都納入而作成的第二張專輯《PSYENCE》，沒有一貫的概念，混雜的感覺比第一張更強烈。他對每一首曲子的品質都很有自信，希望當成專輯來聽時，會有令人驚嘆「發生了什麼事？」的速度感和迷幻感，所以不想作得流暢順耳。《PSYENCE》在hide重啟錄音後，僅僅一個月就完成了。

「我以最少人數、最短時間，完成了最高密度的最優秀的作品！」這是hide接受雜誌採訪時，經常用來說明這張專輯的一句話。完成這張專輯時，hide打從心底樂到爆，對I．N．A說：「這是一張非常厲害的專輯！I．N．A老弟，如果這張不賣，我們就去國外！拋棄日本！」hide對這張專輯有堅定不移的自信，堅定到如此斷言。

這張專輯在一九九六年九月發行，一推出便創下榮登ORICON第一名的紀錄。「這張專輯若是不賣，就拋棄日本吧。」hide甚至這麼想的渾身力作，帶給許多人衝擊，大大暢銷。與首張專輯相同，共收錄了十六首曲子，從強調銅管樂器的豪華開場，到流行歌曲、搖滾、龐克、放克、民謠、華麗搖滾、數位音樂、桑巴舞曲……音樂種類應有盡有，是七彩繽紛如萬花筒的作品。無論怎麼樣的編曲，旋律都閃閃發亮，是把hide的魅力凝縮到淋漓盡致的傑作。首張專輯看起來還是有點X JAPAN的味道，所以總是擺脫不了「X JAPAN的hide」的形容詞。但是剪掉長頭髮、一身螢光色的夜店時尚的他，在這張專輯完全奠定了他身為「個人歌手hide」屹立不搖的地位。

發行專輯後，立刻展開了巡迴演唱（*17）。這次巡演的成員，與首次巡演的成員幾乎一樣。因身體狀況不佳而不能參加的RAN，由hide的老朋友吉他手KIYOSHI替代參加。

KIYOSHI是JEWEL（參加過X和SAVER TIGER都有參加的合輯《HEAVY METAL FORCE Ⅲ》的樂團）、以及《Media youth》（HEATH曾經待過的樂團）的吉他手，與hide是從SAVER TIGER時代就認識的朋友。他們的朋友關係，是彼此肯定對方，但一喝酒就吵架。其實，首次個人巡演時hide也邀請過KIYOSHI來擔任吉他手。當時，他對在酒吧偶遇的KIYOSHI說：「我要做個人巡演，你要不要來彈吉他？」KIYOSHI欣然答應說：「好啊。」所以，兩人開心地喝起酒來，喝著喝著就開始吵架，決裂了。彼此放狠話說：「絕對不跟你一起演奏！」就分開了。三年後，KIYOSHI接到hide從洛杉磯打來的電話，再次向他提出了伴奏成員的邀約。hide在掛電話前，對他說了一句話：「這次不要再吵架了。」從那天起，KIYOSHI就成了「松本組」的一員。

ｈｉｄｅ很喜歡跟成員在一起，總是期待著跟他們見面。為了錄製錄影帶，與三個月不見的成員見面時，ｈｉｄｅ因為前一晚沒睡好顯得很睏。經紀人說：「他因為要跟大家見面，高興到睡不著。」成員們聽到這個理由大爆笑說：「你也太傻了吧？又不是小朋友的遠足。」

剛參加彩排時，ＫＩＹＯＳＨＩ住在ＣＨＩＲＯＬＹＮ家附近。ＫＩＹＯＳＨＩ是這次巡演才加入，還沒跟成員打成一團，ＣＨＩＲＯＬＹＮ很關心這樣的他，經常邀他：「一起去吧。」兩人像小學生一樣一起去錄音室。ｈｉｄｅ知道這件事後鬧脾氣說：「你們兩個每天晚上都一起去哪了？」看別人玩得很開心就會想加入，這是害怕寂寞的ｈｉｄｅ最擾人的毛病。

彩排的執行，與首次巡演同樣嚴厲。Ｌｉｖｅ的時間估計三小時，是長距離賽跑。曲數多、曲子長、音數也多，所以成員要費盡心力才能記住曲子。是完美主義又愛操心的ｈｉｄｅ，當然想作好萬全的準備迎接巡演，但其實他也愛彩排這件事。因為跟成員在一起已經很開心了，還能一起演奏自己的音樂，再也找不到這麼快樂的時間了。一次的彩排時間也很長，有時還不到預定的結束時間，鼓手ＪＯＥ就停下來說：「對不起，腳不能動了。」這時候，ｈｉｄｅ說「那麼，結束彩排，去喝酒吧」已經成了慣例。

巡演一開始，ｈｉｄｅ就在千葉的海洋球場，舉行了由LEMONed主辦的名為「Indian

summer special（秋老虎特別慶典）」的大型活動（*18）。演出者有hide，以及參加了LEMONed目錄簡介CD的ZEPPET STORE、VINYL、t・o・L。Live當中，有服裝表演、溜冰、及BMX表演，由hide做壓軸演奏時，其他演出者闖入舞台，就那樣唱著歌、跳著舞，一直走到球場旁邊的海岸，最後放慶功宴煙火，是完全符合LEMONed概念的鬧翻天的活動。hide會選擇這個會場是因為旁邊就是海，他喜歡那種開放感，同時也覺得應該可以做什麼有趣的事。攤販就不用說了，會場還有遊戲、把臉塗白的表演者在跳舞、播放三D影像的大螢幕、各種文藝活動的展示間林立。因為與平常的Live大異其趣，所以有的歌迷顯然很困惑，但是，hide覺得持續做下去，歌迷一定能感受其中樂趣，認為這個活動必須持續下去。

這時候，在日本的搖滾活動中，很多歌迷看完想看的樂團的Live後，對其他樂團就不屑一顧了。經常覺得這樣很沒意思的hide，想舉辦也能開開心心看其他樂團的活動，亦即，光是待在那個空間就會很開心的活動。

當時，hide很喜歡在美國大受歡迎的超大型「音樂節（Lollapalooza）」活動。這個慶典是採行無關哪種類型，凡是氣勢高漲的樂團都會巡迴好幾個都市的移動方式，而且還有文化性的一面，就是除了音樂外也會聚集美國非主流文化，所以，對流行敏感的年輕人都非常喜歡這個慶典。hide常說：「我想參加音樂節。」然後說：「日本如果也有那樣的活動，一定很好玩。」當時，大型的慶典活動在日本尚未扎根（在日本被稱為最初戶外慶典的 Fuji Rock Festival 是在隔年的一九九七年舉辦），ｈｉｄｅ舉辦的這場活動是「過早的日本慶典的黎明」，也是ｈｉｄｅ希望「節慶般的搖滾活動能在日本扎根」的夢想的第一步。

這場活動盛況空前，遺憾的是門票沒有賣完。對Ｘ　ＪＡＰＡＮ、對ｈｉｄｅ本身來說，演唱會的門票搶購一空是理所當然的事，所以，即便這個球場的會場夠大，門票沒賣完還是讓ｈｉｄｅ覺得懊惱。但是，他在內心消化了那股懊惱，往享樂的方向去思考。身為主辦者該煩惱的事，從站在舞台上表演的藝人的立場來看，也與自己無關。ｈｉｄｅ面對舞台的姿態，隨時都是最自然的，絕不會受會場的大小或現況影響，總是以娛樂歌迷為最高考量。

還發生了沒想到的意外。演奏中過度激動的ＤＩＥ，從舞台跳下去，造成左腳腳踝骨折。「第十八場的巡演就要開始了，怎麼辦？」ＤＩＥ和相關人員都臉色發白。這時候，ｈｉｄｅ走過來，安慰他說：「ＤＩＥ老弟，你即使骨折了，我也一定會帶著你去巡迴演唱，放心吧。」為演唱會擔憂的ＤＩＥ，感動地想：「多麼了解他人心情的人啊。」下定決心即使骨折，也要盡自己所能做到最好的表演，炒熱ｈｉｄｅ的舞台。

第二次巡演的內容，比上一次更勁爆，是宛如打翻了玩具箱般豐富精彩的舞台。

以絕不演出相同的Ｌｉｖｅ為原則，全部十九場的公演都是不同的架構。如《間諜大作戰》般介紹成員的開場影片，掀開了Ｌｉｖｅ的序幕。ｈｉｄｅ的出場方式有好幾種，經常從歌迷意想不到的地方出場，帶給歌迷驚喜。這次的巡演，多了幾首不彈吉他專心演唱的曲子，所以，他不是拿著擴音器邊唱歌邊走過舞台的通道，就是推著ＤＩＥ的輪椅，片刻不停息地在舞台上跑來跑去。ＭＣ也比第一次巡演唱更有個性，還會以招攬客人的大哥般的粗啞嗓門做帶點戲劇性的談話，博歌迷一笑。其實，在這次巡演開始前，他是想辦一個沒有ＭＣ的瀟灑Ｌｉｖｅ，結果一上台就忘得一乾二淨，滔滔不絕地說了起來。還曾經越說越起勁，做了三十分鐘的ＭＣ，說壞了喉嚨。有時中途會把觀眾拉上舞台，有時會用「ｈｉｄｅ與Ｒｏｓａｎｎａ（扮成女裝的ＣＨＩＲＯＬＹＮ）」這個往年受歡迎的二人組的相同名稱，表演雙重奏的曲子。在這類輕鬆單元的交織中，接二連三演奏工業的、吵鬧的搖滾，展開了充滿速度感的舞台。

Solo Corner 也非常充實。ＪＯＥ的個人擊鼓演出，是舞台上的ＪＯＥ與影片中的ＪＯＥ展開擊鼓比賽的新點子。ＣＨＩＲＯＬＹＮ唱自己ｓｏｌｏ的曲子《君は変わっちまった（KIMI WA KAWATTCHIMATTA）》，由ｈｉｄｅ彈貝斯伴奏。坐在ｈｉｄｅ推的輪椅上的ＤＩＥ，也熱情演唱了個人（*19）專輯中的曲子《NATURAL BORN ONANIST》。巡演久了，ＤＩＥ的輪椅被冠上「客製化輪椅」的名稱，成員對輪椅做了種種惡作劇。

例如，把煙火綁在輪椅上，在舞台上點火，還曾經燒了hide只有兩件的演出服。繼DIE之後，不斷有人受傷。KIYOSHI拉傷了腳的肌肉，醫生建議他使用拐杖。CHIROLYN也肋骨骨折。他自己不知道為什麼會骨折，看前幾天的錄影帶，才知道原因是hide把他從舞台推下去。

這次的巡演也是分上下兩場，中間休息時間，攝影機繼續跟拍成員回休息室的模樣，再用舞台上的投影機把這段影片放映出來，是精心設計的演出。為了讓歌迷在休息時間也不會無聊，hide發揮服務精神想出了這個點子。當時，要在舞台上播放Live影片，有技術上的困難，所以，hide的Live是這樣做的先驅。

hide在巡演前半，其實有點感冒，身體不太舒服。第一天就發燒到四十度，然而，他還是展現完全沒被察覺那種狀況的活潑舞台。但是，面對演唱的態度既自律又真摯的hide，這次巡演比上次更注意身體，非常克制酒和香菸。從Live結束到回到旅館，工作人員都還會拿著攝影機跟拍，所以，進了房間他才會拿走剛拍好的錄影帶，盡可能在當天檢視完當天的錄影帶。因為太疲倦，所以經常看錄影帶看到一半就睡著了。但是，在隔天早上之前一定會看完全部，對大家說：「昨天是那樣，所以今天就這樣做吧。」提出跟前天的演出不同的議案。

Live前一天，hide會過著滴酒不沾的自律生活，但是，只要隔天是沒有Li

ve的日子，他就會活力充沛地跑去夜晚的鬧市。雖然，巡演中的身體狀況不盡理想，但他很清楚自己身為成員和工作人員領隊的立場，所以會帶頭喝酒、喧鬧，把場子炒熱。邊演奏邊大鬧舞台的DIE，其實是需要絕對安靜的嚴重傷勢，所以，在巡演處辦慶功宴時，他大多是一個人留在旅館。hide心疼這樣的他，曾經請辦慶功宴的店家幫他做飯糰，親自送到他的房間。「DIE老弟現在一定餓壞了。」笑咪咪地拿著飯糰的hide，到他房間時，看到門外擺著旅館房間服務的盤子。原本期待看到DIE開心笑容的hide，大感失望，露出有些鬧彆扭的表情，然後馬上對大家說：「好，回房間，把飯糰當成下酒菜吧！」把成員全帶進了房間。

伴奏成員的年紀都跟hide差不多，所以，巡演中的感覺就像大家玩在一起。hide把這樣的他們稱為「Kotona（大小孩）」，就是「Kotomo（小孩）」加上「Otona（大人）」的意思。hide說：「你們都是Kotona唷。」成員就回他說：「最像Kotona的是hide老弟吧！」這些成員在該認真的地方，與該放鬆享樂的地方，取得非常好的平衡。hide說：「我好想稱讚選了這些成員的自己。」對最佳陣容的六人感到驕傲。

在舞台上，hide總是喜歡惡作劇嚇成員，所以，成員也曾策劃反過來嚇嚇他。在地方巡演最終場時，hide之外的成員和所有工作人員討論過後，決定私自更改曲子的前奏。只有hide不知道這件事，所以正式演出時大吃一驚，但是，環視周遭就知道是成員在惡作劇，他大笑起來。成員也因為ｈｉｄｅ完全上鉤被騙，都非常開心。

在巡演的移動中，不論是在電車或車子裡，ｈｉｄｅ幾乎都不會睡覺。大多時候都在說話，也經常在車子裡浮現Ｌｉｖｅ的構想。尤其是在從旅館前往Ｌｉｖｅ會場的車子裡，不知道是不是切換了頭腦，會變得很多話，說：「在那首曲子前面做特效吧？」、或是「把今天的曲子順序排成這樣吧。」ｈｉｄｅ想出來的點子，大多來自靈光乍現，但靈光乍現的品味好得超群，所以，有不少次直接被運用在舞台表演上。

ｈｉｄｅ很善於激發他人的才能。不只對音樂人，對工作人員也是同樣的姿態。這次的巡演也跟首次巡演一樣，他會說：「我想做這樣的事，你們有沒有什麼好點子？」讓對方自主性思考，再不斷採用覺得有趣的點子。

波瀾萬丈、總是精力充沛的第二次巡演，也在超客滿的國立代代木競技場第一體育館的兩天Ｌｉｖｅ劃下美好的句點。也發生了很多事的這趟巡演，彷彿是ｈｉｄｅ這個存在召來了有趣的事。而且，這趟巡演也讓ｈｉｄｅ更清楚確立了音樂性、自己的展現方式、ＭＣ、舞台的展開等身為個人歌手的自我認同。結束巡演後的ｈｉｄｅ，眼睛已經望向了「下一步」。

曲子都是我的孩子

在製作《PSYENCE》時，ｈｉｄｅ在洛杉磯同時擬定了另一個企劃案。那就是成立ｚｉｌｃｈ這個樂團。

聽到ｈｉｄｅ的首張專輯，驚嘆「日本居然有這麼優秀的藝人」的唱片公司製作人，把ｈｉｄｅ介紹給 Ray McVeigh 這位音樂人。他是個吉他手，曾擔任性手槍樂團的伴奏，也是個專業人士，來日本是為了參與日本樂團 OBLIVION DUST 的製作。第一次見到Ｒａｙ，ｈｉｄｅ熱情地說著：「我要改變搖滾。」、「我要摧毀日本的西洋音樂與日本音樂之間的壁壘。」Ｒａｙ覺得ｈｉｄｅ創作的音樂、個性、思想都很有趣，找來老朋友Paul Raven，成立了ｚｉｌｃｈ。

從三人起步的ｚｉｌｃｈ，與其說是成員固定的樂團，不如說是有各種音樂人參與，共同製作音樂的自由形態的樂團。ｈｉｄｅ的左右手Ｉ．Ｎ．Ａ當然也有參與，各種音樂人在他們洛杉磯的錄音室進進出出，川流不息。各種音樂人在自由的氣氛中完成一首音樂的過程，是最精華的部分。參加的海外音樂人，大多是Ｒａｙ或Ｐａｕｌ的朋友，但全都是認同ｈｉｄｅ想做的音樂的成員。大家都對ｈｉｄｅ想做的音樂很感興趣，抱著遊戲而非工作的心情去錄音室。正好在隔壁錄音室錄製個人專輯的ＬＵＮＡ　ＳＥＡ的

J，看到活躍於音樂圈的頂尖大人物齊聚在hide的錄音室，不禁讚嘆：「hide哥的向心力太強了。」在洛杉磯錄音，卻沒有一個道地的美國人，也是這個團體的一大特徵。各種國籍、各類人種聚在一起做音樂，很自然就實現了hide最初提倡的「摧毀國家壁壘」的主題，正式喊出了「這個作品是給美國音樂業界的挑戰書」的口號，但並非一開始就有這樣的意圖。

Ray就像他粗獷的外型，個性自由奔放、豪爽，跟hide吵過好幾次架。但是，不論吵得多兇，隔天還是會若無其事地來錄音室。因為他如此豁達，所以hide也能毫無顧慮地說出想說的話。hide也曾在自家錄音室錄音，但是周遭居民被吵到紛紛來抗議，所以不得不更換錄音室。其實，周遭居民抱怨的不是音樂，而是Ray和Paul喧鬧的聲音。他們的錄音室裡，玩具、色情書、零食散亂一地，有成員在喝啤酒、有不知道誰帶來的寵物狗跑來跑去……成為混亂的空間。以大音量從喇叭傳出來的zilch的音樂，是擷取了搖滾、龐克、工業、技術等所有激進音樂精華的怒濤般的重金屬。而且，與他們豪放的個性相反，他們是使用最先進的電腦技術，以領先時代的錄音方法製作最精緻的音樂。

Zilch的錄音方法，跟X JAPAN、個人演出都不一樣，所以，hide很享受這個全新的世界。基本數據還是由hide和I．N．A製作，到這個階段都跟個人演出一樣，但是，Ｒａｙ和Ｐａｕｌ會接著揮灑各種精華，把音樂擴大。然後，來玩的音樂人會再添加樂音、擅自再混音，樂曲就在突發奇想中不斷產生變化。因為有替自己補充點子的成員，所以ｈｉｄｅ可以輕鬆自在。個人演出必須由ｈｉｄｅ自己掌控一切否則無法前進，但是，在ｚｉｌｃｈ即使有不懂的地方，也還有其他帶領者，所以會毫無停滯地向前進。ｈｉｄｅ對自己不懂的部分也很有興趣，因此，Ｒａｙ和Ｐａｕｌ也能暢所欲言地說出自己的意見。

畢竟是以全世界為目標的專輯，所以，ｚｉｌｃｈ的歌詞是英文。但是，ｈｉｄｅ最初製作的試聽帶，錄的是日文的暫時歌曲。他最初刻意附上日文歌詞，是希望即使將來用英文唱，也能聽出創作者是日本人。Ｒａｙ考慮到ｈｉｄｅ這份心思，嘗試了有趣的作詞方法。把原有的日文歌詞譯成英文時，他試著選擇接近原來的日文發音的辭彙來做英譯。這麼一來，即使用英文唱，在聽覺上也像在聽日文，是非常有趣的處理方式。ｈｉｄｅ非常開心，把這個手法稱為「空耳時間（幻聽時間）」。所謂的「空耳時間」，是綜藝節目「田森俱樂部」的一個企劃，專門介紹聽起來很像日文的幻聽曲子，是很受歡迎的單元。這時嘗試的曲子，是也有放進ｚｉｌｃｈ專輯裡的ｈｉｄｅ本身的翻唱曲《DOUBT》。很喜歡這首歌詞的ｈｉｄｅ，在《PSYENCE》的巡演時，唱了這首空耳版。在專輯的開頭，也有用ｈｉｄｅ的聲音錄製的日文旁白：「我是來自日本神奈川縣的松本秀人，請大家盡情享受！」

完成的專輯命名為《3．2．1》，拍攝了主打歌《Electric Cucumber》的宣傳影帶。這首歌的歌詞，是Ray第一次見到hide時，看到刊登在日本色情書商品頁上的「電動小黃瓜」這個商品，非常開心而從中得到靈感寫出來的。錄影帶的導演有替瑪莉蓮・曼森、Ozzy Osbourne 拍過宣傳影帶的經歷，製作這首曲子的錄影帶前，他問hide：「你要穿嬰兒用的紙尿褲，還是讓蟑螂爬滿你的身體？」逼hide做最終抉擇。hide的審美意識無論如何都無法接受穿紙尿褲，煩惱再三後，只能選擇讓討厭到「只要出現一隻就想搬家」的蟑螂爬滿身體。拍攝當天，hide讓好萊塢的動物製作公司準備的兩百隻蟑螂爬滿身體，站在攝影機前。等待時間也必須維持那樣的姿勢，他覺得蠢蠢扭動的蟑螂就快爬進嘴巴裡了。據說那些是提供給好萊塢拍片用的上等飼養蟑螂，味道很好聞，但是，hide在心中大叫著：「千萬不要爬進嘴裡！」

殘酷的宣傳影帶拍攝結束後，zilch的成員常去西好萊塢的俱樂部。在那裡，有人把瑪莉蓮・曼森介紹給hide。瑪莉蓮・曼森是備受美國搖滾界注目的異色音樂人，早已知道hide的存在。兩人握手時，曼森直接把hide的手拉到自己的大腿間，再拉進褲子裡，展現非常大膽的問候方式。但是，hide完全沒被嚇到，他舔著在曼森大腿間被磨蹭過的自己的手，回應他說：「嗯——味道比蟑螂好呢。」聽到h ｉｄｅ這麼沉著的回答，聽說過ｚｉｌｃｈ宣傳影帶的事的曼森大爆笑。意氣大大相投的兩人，一起喝酒，在深夜的俱樂狂歡跳舞。

Ｚｉｌｃｈ的專輯《３・２・１》，與《PSYENCE》同時期完成，卻因為「成人因素」，一直沒辦法決定發行的日期。ｈｉｄｅ殷切期盼能儘早發行，然而，這張專輯直到二年後才問世。

「ｈｉｄｅ」可以說是松本秀人這個人創造出來的藝人的名字。如果說以音樂人的身分表演音樂時的「ｈｉｄｅ」，是松本秀人與Ｉ・Ｎ・Ａ兩人合成的集合體的名稱，那麼，個人的「ｈｉｄｅ」就是松本秀人創造出來的理想藝人模樣。所以，他會隨時注意自己在歌迷眼中是什麼樣子，不斷思考如何讓歌迷開心。他還記得自己是歌迷時的心情，所以發誓絕對不做讓歌迷傷心的事。Ｘ　ＪＡＰＡＮ的成員，一個接一個捨棄了華麗的外表裝扮，但ｈｉｄｅ考慮到歌迷的心情，儘管方向性會隨當時的心情做變化，卻一直沒捨棄紅色或粉紅色的頭髮、以及華麗的裝扮。在他是吻合唱團大歌迷的少年時代，看到美國歌迷為吻合唱團做角色扮演，在演唱會聚集的情景，曾經感嘆「太棒了」。所以，看到自己的歌迷同樣為自己做角色扮演，也非常開心。

從 SAVER TIGER 的時候起，就有很多ｈｉｄｅ酒醉後的暴力事件傳說。例如，破壞東西被索取賠償費、害自己受傷、跟不得了的人物吵架後嚇得臉色發白等事件，多到數也數不清。但是，ｈｉｄｅ不但不隱瞞這些事，還會當成趣事到處公開地說。製作人松本秀人，看到ｈｉｄｅ這種破天荒的行動，似乎也覺得很有趣。

向來很注意維持理想中的搖滾明星形象的ｈｉｄｅ，也會用「大叔」這種跟搖滾明星相差懸殊的稱呼來稱呼自己。在Ｌｉｖｅ的ＭＣ和電台廣播中，經常使用這個稱呼。不可思議的是，從ｈｉｄｅ口中說出來就是很可愛，與世間一般人對「大叔」的印象相差甚遠。另外，被問到：「有沒有女朋友？」他會馬上回答：「有。」或突然大叫：「最近都沒做愛！」在當時的日本，名人都不太願意公開的事，他也會大方地說出來。這種有人味的個性，被當成新的搖滾明星形象，歌迷們也都欣然接受了。

ｈｉｄｅ跟媒體相關人員也都相處得很融洽。雖然要花點時間才能敞開胸懷，但是，一旦成為好朋友，就會非常信賴對方，清除心理障礙，投入對方懷抱。「成人」業界的人當中，也有很多ｈｉｄｅ的歌迷。成為好朋友，就難免遭受「ｈｉｄｅｒａ」的洗禮，但是，即使如此也沒有人會責怪ｈｉｄｅ，甚至有很多人反而會炫耀「被ｈｉｄｅ這樣麻煩過」。他不僅迷倒了音樂人夥伴和自己的工作人員，也漸漸迷倒了周邊的人。

有一次，唱片公司的高層單刀直入地問了很不禮貌的問題：「ｈｉｄｅ老弟，你現在或許還好，但是，老了以後怎麼辦？你打算化妝化到什麼時候？」周遭人都嚇得直冒冷汗，以為ｈｉde會氣得毆打那位高層，沒想到他很平靜地回答：「這完全不是問題，不久後，會靠ＣＧ（Computer Graphics）製作出完美外型的藝人，我會在不知不覺中淡出，但繼續以ｈｉde這個名字演奏。演奏的音樂還是我作的，但不知不覺中演出者就互換了。」他這番話彷彿看透了二十年後的未來。

他跟同年紀、同樣是吉他手的ＫＩＹＯＳＨＩ，經常談到老後的事。兩人共同的想法是「非瘦不可，如果胖了，就放棄音樂」，理由是喜歡的吉他手如果老後變胖，歌迷會傷心。會被歌迷說「不想看到」的事，對兩人來說是絕對不可以發生的事。ｈｉde理想中的吉他手模樣，在音樂上、外型上都必須隨時維持光鮮亮麗。

「如果把衛生紙塞進我鼻孔裡，我會變成鬼來找你們。」ｈｉde在酒席上帶著開玩笑的口吻，但眼神非常認真地這麼說。他去參加朋友的喪禮時，看到遺體的鼻子塞著白色的衛生紙，非常震撼。ｈｉde平時就常提死後的事，例如：「我絕對不要躺在棺材裡的自己是沒化妝的醜臉。」、「遺像必須用最帥氣的照片。」在X還沒那麼有名的時候，他就會在酒席上穿插一些漫無邊際的話，把自己的希望告訴夥伴們。

對是親人也是個人經紀人的弟弟裕士，他給了更具體的指示。他教他說：「我要永遠都當ｈｉde，所以，死後也不要讓大家看到我的素顏。我死後，臉一定要好好化妝，遺像也必須是音樂人ｈｉde的照片，我希望我能當ｈｉde直到最後一刻。」他死後也要維持公眾形象，當藝人的ｈｉｄｅ直到最後一刻。會這麼想，也是因為不想讓歌迷們失望。

從他與眾不同的外型或許很難想像，他非常喜歡小孩。看到嬰兒，會馬上靠過去盯著嬰兒的臉。結婚的前工作人員帶著寶寶回來時，他也非常高興，在攝影的中間休息時間，一直黏在寶寶旁邊。做了髮型、化了妝的ｈｉｄｅ一靠近寶寶的臉，寶寶馬上像點著了火般呱呱大哭，ｈｉｄｅ趕緊說：「對不起，大叔去那邊，別哭了哦。」顯得有點失望。

弟弟裕士生小孩時，他也很高興，馬上跑去看。半夜喝醉回橫須賀時，也會說：「我回東京前，會先去看裕士的孩子。」早上第一件事就是去裕士家。ｈｉｄｅ想成為「什麼都會買給小孩的溫柔長腿叔叔」，所以每次都買很多東西送給小孩。想起小時候拿到父母送的兒童電動汽車時非常開心，所以也買了「凱迪拉克」給侄子，然後瞇起眼睛，注視著玩得興高采烈的侄子們。

但是，他完全無法想像自己有孩子這件事。如果自己有了孩子，一定會非常疼愛，疼愛到二十四小時都想在一起。這樣就不能再為了做音樂，樂廢寢忘食地關在錄音室裡，也不能再去巡演好幾天不在家。如果是女兒，自己一定會變成女兒去哪都跟著去的囉唆父親，說不定會被女兒嫌煩。光想到「萬一她有了男朋友」就覺得沮喪，說不定會硬把她送去修道院。這麼想的ｈｉｄｅ得到的結論是，既然選擇了這個音樂人生，就不能有小孩。但是，曲子都是他的孩子。對他而言，孩子就是他歷經千辛萬苦生出來的所有樂曲。這麼想的ｈｉｄｅ，在心中烙下了「我不結婚，也不生小孩」的想法。

以「ｈｉｄｅ」邁入全世界或許會比較有趣

從《PSYENCE》的巡演時開始，ｈｉｄｅ迷上了網路。舞台導演替他製作了網頁，所以，他興致勃勃地花了很多精神東學西學。他覺得專研網路世界，似乎可以自由、輕鬆地實現自己想做的事、想表達的事。起初，ｈｉｄｅ對電腦的網路通訊，是抱持著灰暗、陰鬱的負面印象，實際接觸後發現很有趣，很快就著迷了。認真的ｈｉｄｅ每天都會上網，檢視自己網頁的留言版。他最開心的是，可以馬上知道歌迷在想什麼、是怎麼樣的心情。有時，看到歌迷被荒唐的謠言攪得心神不寧，ｈｉｄｅ就會親自留言讓歌迷放心。但有時也會發酒瘋，把心裡的不快通通寫出來，隔天又慌慌張張地刪除，陷入自我厭惡中。ｈｉｄｅ經常在自己的網頁發聲，堅信網路的可能性，深深迷上了網路的世界。

嘗試做過小山田圭吾委託的再混音後，知道其中樂趣的ｈｉｄｅ，又接到了再混音的委託案。委託者是由三名女性組成的樂團「少年小刀」。hide非常喜歡這個樂團，會把她們的音樂拿來當成個人演唱會會場的背景音樂。她們在國外的受歡迎程度勝過國內，是在歐洲舉辦過好幾次巡演的強者。因為是女性主唱，所以hide起初對再混音有點猶豫，最後可以如願完成，他發表了這樣的感想：「就像把親手拉拔長大的女兒，化整為零再送回去，但已經變成其他曲子了。」

由數位DJ音樂人將《PSYENCE》的曲子再混音作成的專輯《tune up-hide remixes》也發行了。全部十首曲子當中，只有三首勉強可以聽出原曲。hide親眼看到種種再混音的手法，好奇心不斷湧上心頭。於是，他開始把自己的曲子拿來再混音。面對他人的曲子，通常不會有太深的感情，但是，面對自己辛苦作出來的樂曲就另當別論了。很想知道把自己的曲子再混音會變成什麼樣子的hide，就像個拿到新玩具的小孩子。

一九九七年八月，喜歡慶典活動的hide，使用網路舉辦了通宵達旦夜店活動（*20）「MIX LEMONeD JELLY」，是前年夏天在千葉海洋球場舉辦的活動的進化版。活動包下了五間夜店，可以在店之間來來往往，還透過網路同時傳送Live。活動的計畫是，在哪家店幾點舉辦誰的Live是祕密，要看網路傳送才知道其他店在作什麼。當時，影片傳送還不是那麼普遍，而且是使用撥接線路，所以影像的傳送速度很慢，畫質也很差，挑戰影片傳送還是非常罕見的事。

在夏末舉辦的這場夜店活動，聚集了許多歌迷，每個會場都是盛況空前。五間夜店都在西麻布附近的徒步圈內，客人可以憑自己的意志繞巡喜歡的夜店。三天前才從洛杉磯回國的hide，直到當天凌晨五點都在作這一天要播放的聲源。然後，與I．N．A兩人組成小型PSYENCE樂團，在五個會場進行DJ活動，首次發表了自己再混音的「DOUBT97」。

演出者有hide的巡演成員和LEMONed的藝人，以及少年小刀、COALTAR OF THE DEEPERS等，東京搖滾圈的先進樂團齊聚一堂。除了Live，還有MTV的現場錄影、服裝表演、夜市、LUNA SEA的J來當DJ，後來又借樂器舉辦的臨時Live等。在這個空間，hide具體實現了「想創造遊樂園般的Live空間」的願望。

夜店活動是早上五點結束，預定在六點舉辦慶功宴。因為那之前的緊湊行程而睡眠不足的hide，半夜待在休息室時還曾瞬間露出睏倦的神情，但活動大功告成後，他超級開心，又精力充沛了。他跟夥伴們一起喝酒，興奮地說：「這個活動要一直辦下去！明年、後年都要辦！」

舉辦這個活動的不久前，山梨縣也舉辦了日本首次的搖滾活動Fuji Rock Festival。這時候，KIYOSHI擔任SUGIZO的伴奏成員，預定在活動的第二天演出。但是，颱風直撲而來，活動因此取消了。前一天已經進入會場的KIYOSHI，歷經大塞車後好不容易才回到東京自宅，剛到家就接到ｈｉｄｅ從洛杉磯打來的電話。「聽說Fuji Rock取消了？」ｈｉｄｅ的口吻聽起來有點幸災樂禍。聽到他說：「就是趁我不在時舉辦才會這樣。」ＫＩＹＯＳＨＩ不禁懷疑自己的耳朵，問：「ｈｉｄｅ老弟，你總不會特地打國際電話來跟我說這個吧？」結果ｈｉｄｅ說：「嗯，沒錯！」就掛了電話，他對他不在國內時舉辦的日本首次搖滾活動在意得不得了。

當時，ＫＩＹＯＳＨＩ湊巧搬到ｈｉｄｅ家附近。ｈｉｄｅ說：「簡直就像什麼撲火。」果然如他所說，兩人經常在彼此家來來去去。不論去誰家，都只是邊喝酒邊看PSYENCE巡演的錄影帶。「今天看松山吧。」、「今天看名古屋的第二天吧。」兩個人百看不厭，邊看Ｌｉｖｅ的錄影帶邊聊這個那個，聊得很開心。

收到「ＴＯＳＨＩ想退出Ｘ　ＪＡＰＡＮ」的連絡，是在一九九七年的春天。這個消息猶如青天霹靂，ｈｉｄｅ不由得對著電話大叫：「怎麼回事？」他知道ＴＯＳＨＩ最近比較喜歡沉穩的音樂。他在個人活動中唱的音樂，大多是抒情歌曲，很多都是從他在Ｘ　ＪＡＰＡＮ的舞台上瘋狂嘶吼的模樣很難想像的寧靜樂曲。但是，個人活動不同於Ｘ　ＪＡＰＡＮ的音樂性這件事，ｈｉｄｅ、ＰＡＴＡ、ＨＥＡＴＨ也都一樣。ｈｉｄｅ詳細了解後，知道他的音樂性從慢搖滾漸漸轉向治療系音樂，所以他退出的理由是「沒辦法再唱X JAPAN的歌」。

驚訝的X JAPAN成員，試圖說服TOSHI，但是，TOSHI的心意已決。退出不是一時的決定，而是經過漫長的時間，在TOSHI內心慢慢成形的想法。其他四名成員沒辦法再多說什麼，TOSHI就這樣離開了樂團。

之後，四名成員針對「今後X JAPAN的活動該怎麼辦」討論過好幾次。也曾想過找新的主唱，但是，X JAPAN的曲子音很高又難唱，很難找到可以唱那些曲子的主唱。自樂團成立以來，一直是樂團的核心人物的TOSHI，形象非常強烈，找新的主唱將面臨極大的風險。大家提出很多意見，但都沒有結論。

後來，TOSHI參加電視演出，說了關於退出的心路歷程，hide看到很不高興。媒體都是把TOSHI退出的理由當成娛樂八卦，抱著看好戲的心態在報導。hide馬上打電話給TOSHI，直截了當地抱怨：「為什麼說那種話？」TOSHI離開樂團後，hide是第一個打電話給他的成員。TOSHI花很長的時間，仔細向他說明自己當時的心情，以及心中的煩惱。hide聽完後，知道TOSHI的決意十分堅定，心情因此變得沉重。「我知道了，我不再說什麼了，改天去喝酒吧。」hide這麼說，掛了電話。

一九九七年九月，晨報登出了X JAPAN的全面廣告。全國歌迷看到「解散記

者會 本日下午一點」的廣告，都發出了尖叫聲。在TOSHI宣布退出的五個月後，他們苦惱再三，做出了解散樂團的結論。在作為記者會會場的東京白金區的都旅館，聚集了三百人以上的媒體，以及十六台攝影機。X JAPAN經常召開記者會，宣布關於新活動的事，每次都以開朗的表情聚集的媒體相關人員，這一天的表情都同樣沉痛。

「X JAPAN於今天九月二十二日解散。」YOSHIKI以顫抖的聲音念著文章，hide、PATA、HEATH三人站在他旁邊。在記者會上，沒有看到TOSHI的身影。「為什麼TOSHI沒有參加解散發表會？」有記者提問，YOSHIKI露出苦澀的表情說明：「他已經退出樂團了，所以不是X JAPAN的成員了。」每個成員都沒有笑容，記者會會場始終飄盪著沉重的氛圍。

記者會一結束，hide馬上搭車離開旅館。很多歌迷滿臉沉痛地守候在停車場的入口處，平時再怎麼疲憊也會爽朗地向歌迷們揮手致意的hide，蜷曲在後座完全不想往外看。坐在駕駛座上的裕士，每次經過歌迷前面都會放慢速度，這天hide對他說：「不要停下來！你要我拿什麼臉去見大家啊！」催他不要放慢速度，趕快從歌迷前面通過。

對hide來說，樂團解散是絕對不能發生的事。少年時代最喜歡的樂團解散時，他有種被背叛的感覺，沮喪了好幾天。所以，他在心中發誓，絕對不做讓歌迷失望的事，結果自己還是對歌迷做了同樣的事，他覺得很抱歉，而且萬分懊惱。

回到家，I．N．A已經在自家錄音室待命，所以hide趕快轉換心情，開始個人單曲的前置作業。這時候作的是隔年一月要發行的《ROCKET DIVE》。作這首曲子是為了呈獻給因X JAPAN解散而終日沉浸在悲傷裡的歌迷。在前置作業中，hide看起來跟平時沒什麼兩樣，但似乎有點心不在焉，到了傍晚就會說：「I．N．A老弟，今天到此為止吧。」停下工作去喝酒了。然後，在常去的酒吧吧台，喝著酒獨自啜泣。儘管作為個人歌手的表現十分亮麗，但對hide來說，X JAPAN的存在就像可以回去的家。他加入後的這十年，發生過太多事，有無窮盡的回憶。

但是，過一段時間後，hide的心情慢慢緩和下來，變得冷靜了。他想X JAPAN雖然解散了，但並不是哪個成員死了。說不定，哪天TOSHI又會回來說要一起演出，也可能找到很棒的主唱又重啟樂團。為了那天的到來，他要做好自己能做的事。

這樣轉換了心情的hide，首先在自己的網頁寫了一些話給歌迷。在記者會上，只簡短表達了解散的歉意和至今以來的感謝，但是，在這裡他寫下了自己真正的心情。他在這時候寫的文章，後來昇華成為《ROCKET DIVE》的歌詞。

本以為解散記者會後，X JAPAN將會停止所有演出，沒想到臨時決定年底將在東京巨蛋舉辦解散Live。但是，從以前就想「我絕對不要辦什麼解散演唱會，太遜了，最討厭這種事」的ｈｉｄｅ，顯得興趣缺缺。原本預定演唱兩天，但ｈｉｄｅ說：「都要解散了，幹嘛非唱兩天不可？」堅決表示反對。平時他從來不會反對身為領隊的ＹＯＳＨＩＫＩ的意見，唯獨這個時候，堅持己見不肯讓步。為了尊重ｈｉｄｅ的意志，Ｘ ＪＡＰＡＮ的最後Ｌｉｖｅ決定在十二月三十一日只公演一場。

製作完兩張個人專輯和ｚｉｌｃｈ的專輯後，ｈｉｄｅ確立了自己的音樂製作模式。就是靠電腦操作，用機械切割人類的 groove，完全控制。ｈｉｄｅ把這個模式取名為「PSYBORG ROCK」。從小就喜歡塑料模型、憧憬假面騎士和無敵鐵金剛的ｈｉｄｅ，取這個名字是為了簡單明瞭地表達自己正在做的音樂。

在 SAVER TIGER 時代，ｈｉｄｅ就使用了視覺這個詞當標語，可以說是成為音樂業界一大潮流的視覺系這個名詞的先驅者。然而，視覺系無法表現音樂性，所以，他一直在尋找更能讓人聯想到音樂的淺顯易懂的名詞。這時候，用電腦做音樂，被稱為 Digital Rock 或 Industrial Music，他也不是很喜歡這些名詞。他在做的是拆解人類的 groove 後，與機械的 groove 融合，再設計程式重新組合的音樂。一半是人類，一半是機械，也就是 PSYBORG（人造人）！就這樣，ｈｉｄｅ想到了這個名詞

他自己也懷疑 PSYBORG ROCK 能不能代表音樂的模式，但是，俗話說「先說先贏」，

所以，他開始在電視、電台、雜誌提倡這個名詞。「我隨口說說，若能成為流行就太好了。」雖然帶點自嘲這麼說，但hide真的很喜歡自創的PSYBORG ROCK這個名詞。

在洛杉磯住久了，海外音樂人的朋友也多了，hide的內心逐漸起了很大的變化。他重新體會到日本搖滾的美好。因為喜歡西洋音樂才投入搖滾，一直很憧憬美國搖滾圈的hide，長期待在身邊隨時有道地搖滾的環境裡，反而深刻感受到日本搖滾的美好。在日本出生，聽著日本歌謠長大的自己，與在國外聽著道地搖滾長大的年紀相仿的音樂人，所抱持的音樂觀幾乎相同，這點讓他覺得很有趣。音樂是他們彼此的共通語言，在這方面的相關知識與技巧上沒有任何差距，也為hide帶來了自信。

自認為是音樂人也是收藏者的hide，客觀地觀察世界與日本的搖滾圈，發覺日本的搖滾圈擁有極大的可能性。美國是不論電影或音樂，都是以好萊塢和葛萊美獎所帶領的龐大娛樂產業為中心，形成一大文化。而日本是文化整體比較混沌，主流娛樂旁就有地下次文化蠢蠢欲動。音樂圈也有各式各樣的樂團在活動，各有各的刺激。

「（美國）從外面看，覺得好棒、好棒，實際參覺得其實也沒那麼好，反而更深刻體會到日本音樂的厲害。」這麼說的hide，經由zilch的製作反而有了自信，認為自己至今所做的事或許在全世界都能通行。「我想證明我們日本人也能在全世界奮戰！」他積極地這麼想。

還有另一件事改變了他的意識，那就是他發現了日文的優點。相較於其他語言，日文用來形容一個現象的詞，其種類多很多，例如日文中的侘與寂指的是同一件事。而且，日文的發音與歐美的語言不同，所以聽起來也很有趣。hide用日文唱zilch的試聽帶時，發現把日文歌擺到重搖滾上完全不會不協調，覺得很感動。有了這次的經驗，他堅信日文可以毫無牴觸地擺在搖滾的音節上，他想做外國人聽了也會覺得很好聽的日文歌詞的搖滾。有過種種經驗後，對於如何與世界接觸的想法，在他內心逐漸產生了變化。

「說不定以hide邁入全世界，會比以zilch邁入全世界更有趣。」hide這麼想。他認為彰顯自己是日本人，說不定是通往全球性活動的捷徑。從二〇〇〇年代起在全世界一舉開花結果的酷日本風潮（Cool Japan Boom），他比任何人都早一步敏感地預測到了。

X JAPAN宣布解散的一九九七年，於公於私對hide來說都是最糟的一年。「公」是X JAPAN的解散，「私」是兩次受重傷與撞車。結束了專輯《PSYENCE》的發行和巡演，正準備邁向下一步時，X JAPAN解散了、很寶貝的捷豹因意外事故嚴重損毀、而且兩次受重傷。

第一次是年初的頭蓋骨骨折。喝醉的hide不小心踩進水桶裡跌倒，嚴重撞到了頭。他根本不記得當時的事，而且喝醉跌倒也是常有的事，所以也不是很在意。隔天早上要從床上爬起來時，才發現頭痛暈眩爬不起來。直到隔、隔天症狀更加惡化，他才去了醫院，診斷出是頭蓋骨骨折。而且，頭裡面進入了空氣，處於很容易引發細菌感染的危險狀態，所以要即刻住院、絕對安靜。預定好的洛杉磯行程被迫延期，當時預定要一起去洛杉磯的I．N．A，將近一個月都不知道hide受傷的事，只能在家乾等。因為hide怕I．N．A生氣，所以對事務所的工作人員下了封口令。

hide把當時拍攝的電腦斷層掃描的照片放到網頁上，開玩笑地說：「喝醉後大戰地球。」正好是在有很多成員受傷的「PSYENCE」巡演之後，所以他又拿自己當話題，笑著說：「最後是我受重傷。」其實完全不是好笑的事。他出院後，醫生還囑咐他說：「絕對不可以搭飛機。」但是，被行程追著跑的hide，不顧醫生的囑咐，硬是去了美國。在飛機上，他突然驚聲尖叫：「我的耳朵一直叭哩叭哩響！」I．N．A絕望地想：「啊，這下完蛋了。」鬧得人仰馬翻。

還有一次，是為了作第三張專輯《Ja，Zoo》去山中湖合宿時發生的事。一個禮拜都在遠離人群的合宿處專心作曲，所以，最後一天去泡溫泉順便舉辦慰勞會。在那裡鬧得太過火，鬧到右腳腳踝骨折。被診斷出要兩個月才能痊癒的hide，腳用石膏固定住，走路時必須使用拐杖。而且，不巧的是，幾天後要拍攝接下來的個人活動單曲的封面，一個月後還有X JAPAN的最後Live等著他。

封面攝影大幅變更了最初的預定，坐在椅子上，只靠上半身營造氛圍，勉強度過了難關。最大的問題是，將在東京巨蛋舉行的最後Live。聽到醫生說：「你不能站著彈吉他。」hide說：「我不要打著石膏站在東京巨蛋的舞台上，我一定要痊癒！我會靠意志力痊癒！」開始過著每天大量食用小魚、拚命吞鈣的生活。擔心hide的朋友和相關人員，也寄來大量補充骨質的營養品。把那些東西全部吃光的hide，果然如他對周遭人所作的宣告，大約一個月就恢復到可以不拿拐杖走路了。

最後Live開始後，hide還期待著TOSHI會不會在這時候撤回退出的宣告。在試裝那天，TOSHI一進錄音室，hide就向他招手說：「TOSHI，可以來一下嗎？」然後，兩人關在小房間裡，談了將近一小時。hide對這次的最後談話寄予一縷希望，但仍然無法改變TOSHI的心意。

對於最後的Live，hide說他的抱負是：「希望這場Live，就像狀況絕佳的樂團從地方巡迴回到東京所舉辦的巡演最終場。」他知道不可能做得到，但無論如何都想這樣鼓舞自己。

十二月三十一日（*21），五萬張門票在三分鐘內完售。東京巨蛋瀰漫著異樣的熱氣。這一天，只有YOSHIKI的擊鼓與鋼琴solo表演，沒有平時都有的hide

*21…參照P.268

的房間，也沒有HEATH的Solo Corner。因為他們認為做個人表演，還不如讓歌迷們多聽幾首X JAPAN的歌。在主線表演時都跟平時一樣演奏的hide，在第一次安可曲中TOSHI跟YOSHIKI擁抱的瞬間，不由得眼角發熱。接著彈第二首安可曲《ENDLESS RAIN》時，他再也忍不住哭泣，淚水滴滴答答落在吉他上。他後悔地大叫：「可惡！為什麼改成一天呢！真希望能再多演出一天！」堅持拒絕辦兩天解散Live的hide，實際站上舞台後，卻恨不得這個以X JAPAN身分演奏的美好時光，可以延續再延續。

Live結束後，他們前往NHK參加紅白歌唱大賽，演奏《Forever Love》。對於在電視做最後一次演奏這件事，hide說：「沒有買到東京巨蛋門票的歌迷及地方歌迷，可以在電視看到X JAPAN最後的演奏模樣，實在太好了。」

就這樣，X JAPAN為光榮的歷史拉上了布幕……所有人都這麼想。其實，YOSHIKI和hide悄悄約定「二〇〇〇年要讓X JAPAN再度復活」。

「我現在也是X JAPAN的hide，絕對不可以替我加上『前』或『ex』喔！」

他把他與YOSHIKI之間的約定藏在心底，這麼囑咐所有的工作人員。

第6章

我想改變日本的暢銷排行榜

ＸＪＡＰＡＮ的解散Ｌｉｖｅ結束，在隔天的一九九八年一月一日早晨，ｈｉｄｅ一如往常出現在盛大的慶功宴舞會上。被叫來看Ｌｉｖｅ而聚集在東京巨蛋的巡演成員，也都出席了。時間越來越接近元旦的早晨時，ｈｉｄｅ開始心神不寧地問：「早報還沒來嗎？」工作人員把在車站商店買的早報遞給他，他打開中間的頁面，把版面攤開讓聚集的人都看得見。那上面刊登著全面廣告，內容是「hide with Spread Baver 起動」，還有一張以ｈｉｄｅ為中心的六名巡演成員的照片。這個廣告是宣布，ｈｉｄｅ將在今年新的一年，以樂團形式重新展開音樂活動。

在「太棒了！」、「萬歲！」的喧鬧聲中，ＪＯＥ問：「喂，Hide with Spread Beaver 是什麼？」ｈｉｄｅ若無其事地回說：「既然是樂團，最好有個名字吧？」ＪＯＥ說：「我沒聽說啊。」ｈｉｄｅ輕輕帶過說：「本來就是樂團啊，有什麼關係，沒差、沒差。」其實，在那個瞬間之前，成員們都不知道ｈｉｄｅ的巡演樂團將成為永久性樂團 hide with Spread Beaver。因為ｈｉｄｅ喜歡惡作劇，想在元旦的早晨給成員們驚喜。

報紙的廣告還刊登著「首先……將在一月二十八日發行新單曲《ROCKET DIVE》」、「MTV JAPAN五週年紀念活動演出決定！With瑪莉蓮・曼森」、「傳聞中的hide祕密企劃zilch即將消息解禁！」等文字。與在洛杉磯夜店相識後意氣相投的瑪莉蓮・曼森的共同演出已經決定，早就完成的zilch的專輯也即將發行。hide表明決心，將會如同ROCKET DIVE般，飛越嶄新的一九九八年。標題是「起動（啟動）」而非「始動（開始）」，也是因為他把未來的夢想寄託在網路和電腦的可能性上。

為了慶祝hide的全新開始，店內鬧翻了天。前一刻還在為X JAPAN解散悲傷哭泣的人，也全都笑了。攤開擺在桌上的報紙，不知道被誰的紅酒染紅了，變得皺巴巴，但沒有人在意這種事，宴會一直延續到天亮。

hide常把X JAPAN的存在比喻成航空母艦，他說：「就像即使我到處盡情玩樂，聽到『歸艦』的指令，也會咻地飛回去的巢穴。」今後沒有地方可回，必須一直飛下去，只好繃緊神經。會在元旦就發布起動宣言，也是為了表現他對個人活動的一片熱忱。同時，也希望能多少替因X JAPAN解散而意氣消沉的歌迷們打打氣。

hide with Spread Beaver的成員，是由「PSYENCE」的巡演成員組成的六人組，只是少了PATA，換成OBLIVION DUST的吉他手K・A・Z。至今都是大略稱為「hide樂團」，但是，在重新展開個人活動之際，hide考慮取個正式的名字。他想起他很喜歡的澤田研二在唱暢銷曲《Stripper》的時候，曾經以《Julie & Exotics》的名義進行演出，所以想到「hide with xxx」這樣的名字。hide with Spread Beaver這個名詞，是他在錄音室錄音時翻開字典，以「最害羞的名字」為基準選出來的名詞。那是英文的俚語，原意是寺廟開龕供信徒祭拜，被脫衣舞秀業者用來形容女性展露私處，hide是以自己的想法譯成「內褲被看光」的獨特日文意思。

hide with Spread Beaver的成員，全部都是非常有個性的音樂人。不只演奏技術爐火純青，個性與自我主張也非常強烈。再加上hide說「你們要比我更搶眼」的要求，所以成了所有人都搶著出風頭的弱肉強食樂團。除了被hide硬拉到前台的I．N．A外，其他成員原本就都是非常亮麗的音樂人，跟hide在一起活動後，又被磨得越來越亮麗。在hide with Spread Beaver的首張藝術照中，hide是粉紅色頭髮、KIYOSHI是橘色頭髮、CHIROLYN是綠色的莫西干髮型、DIE是金色的莫西干髮型、JOE是黑髮做金色挑染，只有新成員K．A．Z是黑髮，光頭髮顏色就五彩繽紛了。而且，化妝、表情也很粗獷，這樣的七個人齊聚的藝術照，有極大的震撼性。

「我絕不允許不搶眼這種事。」這麼說的hide，甚至替I．N．A和DIE染過頭髮，卻不太會對年紀相仿又非常注意視覺的KIYOSHI直接說什麼。但是，KIYOSHI厭倦了橘色頭髮，改染成藍色時，hide怎麼看都不滿意，就在酒席上一直叨念：「KIYOSHI的膚色是白的，不適合藍色頭髮啦，好像生病的孩子。」念到KIYOSHI受不了，就把頭髮恢復成原來的橘色了。

hide把成員稱為猛獸，把自己稱為馴猛獸師，以此為樂。這樣的hide想到可以把成員的照片作成怪人卡，當成購買hide的CD或錄影帶時的附贈品。這個靈感是來自少年時期收集的假面騎士零食的附贈卡，他很喜歡「附贈」的感覺。卡的一面是成員的照片，另一面是簡介或川柳等文章。既然是出自hide，當然是兩面都塞滿了有趣好玩的點子。照片除了個人或全體特寫外，還有成員們耍白癡的照片、扮成機械男的DIE及CHIROLYN的裸體（？）等震撼卡。另一面也很講究，文章都是捉弄人的機智內容。還以為獎品應該都是「中獎」的幸運卡，沒想到也有「沒中獎」的卡，上面寫著「寫家長的名字寄來，也不會抽中專輯（獎品）。請好好珍惜你的父母，切莫見怪！」充滿hide玩心的這張卡，大大挑起了歌迷們想完整收集的欲望。

從怒濤般的年底到年初，hide從LEMONed發行了兩張精選輯。一張是一九九七年十二月發行的《WooFer!!》，另一張是一九九八年二月發行的《WooFer!!2》。這兩張都冠上了「LEMONed・Worldwide・compilation」的副標題，但是，跟以前發行的LEMONed的目錄簡介CD有點不一樣。當時，西洋音樂的精選輯《NOW》系列大暢銷，HEADWAX的工作人員就向hide提議：「現在掀起了那樣的風潮，所以，我們也來發行很可能大賣的精選輯吧。」身為HEADWAX老闆的hide，聽到這句話，心想：「沒錯，不能只做想做的事，多少也要替公司賺點錢。」就點頭同意了。起初，hide聽從工作人員的建議，想做電子樂的精選輯，聽了好幾百張的專輯。他雖不討厭電子音樂，但是，一直聽類似的曲子居然聽到睡著了。心想「這樣不行」的hide，決定還是把方向轉向收集自己想聽的音樂。他的想法是尋找在日本還不怎麼有名的樂團，製作像鄰家大哥在編輯錄音帶那種和緩的專輯，這才是LEMONed創立當時的概念。首先，他選擇把洛杉磯朋友的樂團Amen和Space Age Playboys介紹給日本。根據這兩個樂團的音樂性，把主題定在「二〇〇〇年代的Guitar Sound」，聽完自己和朋友的所有錄音帶和CD後，共收錄了四個樂團。重新體認到自己周遭的搖滾同伴的音樂，比工作人員收集來的幾百張專輯還要勁爆，讓hide覺得有點開心。附帶一提，Amen在兩年後，以Hardcore Band實現主流出道，現已成為圈內重鎮，仍持續活躍中。

僅僅兩個月後，又發行了《WooFer!!2》。在尋找《WooFer!!》的收錄樂團時，hide認識了Oversoul 7這個樂團，非常喜歡他們的音樂。但是，不符合「二〇〇〇年代的Guitar Sound」的概念。於是，為他們製作了《WooFer!!2》。與其他選擇的樂團的樂曲並排後，自然浮現出「給戀人們……為交往而作的搖滾」的主題。hide把Oversoul 7當孩子般疼愛，所以，一開始接連三首都是他們的曲子，希望盡可能拓展他們的活動空間。hide自己也把他們稱為「心愛的孩子」，計畫請他們來日本，但最後沒有實現。令人遺憾的是，Oversoul 7半途夭折，不過，收錄在第九首，翻唱金髮美女合唱團的暢銷曲《Call me》的The 69 eyes，後來大爆紅，目前仍持續演出中。

元旦在報紙宣布「hide with Spread Baver 起動」後，hide開始為一月二十八日即將發行的首張單曲《ROCKET DIVE》做緊鑼密鼓的宣傳。在這之前，都是以X JAPAN的活動為優先，所以，為了配合發行時機，宣傳都只能做到某種程度，有時發行日也不在日本，有很多令人懊惱的事。但這次不一樣，時間雖短，卻能先安排好宣傳行程，所以，他上了電視、電台、雜誌等所有媒體，竭盡所能讓更多人聽到《ROCKET DIVE》。

hide常說：「我要改變日本的暢銷排行榜。」搖滾樂團的曲子很難進入暢銷排行榜的狀況，已經被X JAPAN顛覆了。今後，hide想由自己帶頭，打造出更多樂團可以輕鬆進入暢銷排行榜的環境。因此，首先他必須讓《ROCKET DIVE》大賣。他激勵公司的工作人員說：「除了睡覺時間外，我都想用來宣傳。」工作人員也團結一致，努力爭取hide的曝光機會。結果，他的行程表從一開春就填得密密麻麻。

發行的《ROCKET DIVE》，一推出就順利登上排行榜第四名。這首充滿奔放速度感的曲子的歌詞，是來自於前一年X JAPAN宣布解散時，hide在網頁發表的文章。在這之前，ｈｉｄｅ的歌詞幾乎都是寫給自己，為了把想法傳達給第三者而寫的歌詞，這首曲子是第一首。朝內的向量，首次轉為朝外。為了讓悲傷的歌迷稍微振作起來，歌詞的遣詞用字都盡量簡單明瞭、正面。那些都是在十多歲時因喜歡的樂團解散而悲傷的ｈｉｄｅ，希望有人會對他說的話。這首曲子的原曲，是在洛杉磯錄《PSYENCE》時作的，暫時取名為《Punk Pop》，後來作廢了。當時，覺得不符合《PSYENCE》，就收到了硬碟深處，經過兩年半才重生為《ROCKET DIVE》。開始個人活動時，ｈｉｄｅ把敬愛的吻合唱團的吉他手 Ace Frehley 當成目標，這是為了對他的《Rocket Ride》表示敬意而作的樂曲。他在前奏所彈奏的吉他樂句，是受到 Ace 彈奏《Rocket Ride》的啟發。為了淺顯易懂地說明這首子，他想到用「Candy 懷舊 Pop」作為宣傳標語。

單曲的封面，是使用ｈｉｄｅ和 hide with Spread Beaver 所有成員的酷炫照片。自從還留著長髮的一九九四年的《Tell Me》之後，這是ｈｉｄｅ第一次把自己的臉放在封面上。在《PSYENCE》時期，他一次都沒使用過照片，所以，這次把臉露出來，是充分表現出想宣傳自己的音樂的意志。

宣傳影帶花了兩天的時間拍攝，hide with Spread Beaver 的所有成員也都參與了。內容是所有成員在太空船裡邊大鬧邊演奏，ｈｉｄｅ有時被吊在半空中，有時被骨碌骨碌轉動，是非常高難度的拍攝。其實，攝影當天的早上，ｈｉｄｅ去參加了「鬧鐘電視」

的現場演出。接到電視台的演出通告時，工作人員都以為ｈｉｄｅ會拒絕。沒想到他欣然答應說：「我去。」前一天晚上就去了電視台。早上結束來賓的演出後，立刻趕到攝影棚。從小就不太能搭交通工具的ｈｉｄｅ，因為疲勞加上睡眠不足，在對肉體極為嚴酷的拍攝途中，身體非常不舒服。但是，他沒有抱怨也沒有表示不滿，完成了預期中的拍攝。在中間等待時間，不但神采煥發地接受雜誌的採訪及電台的訪談錄音，還有餘力服務貼身採訪的電視節目組員。

一行人到攝影棚附近的旅館時，已經過半夜一點。成員在櫃台等 Check in 時，ｈｉｄｅ興奮地說：「喂、喂，是不是很像巡演？」他應該比誰都疲憊，卻顯得比誰都開心。「一點都不像巡演！明天七點要早起，快去睡覺！」被教訓後，ｈｉｄｅ唯獨這天乖乖進了旅館的房間。

看錄影帶的 Off-Line（正式編輯前的預備編輯）時，所有成員也都齊聚在攝影棚。並不需要所有人都看，但是，ｈｉｄｅ希望 hide with Spread Beaver 的成員都來看這個作品，然後一起去喝酒。看完錄影帶，ｈｉｄｅ精神亢奮地大叫：「今年我們要跟這卷錄影帶一樣全力衝刺！」

ｈｉｄｅ非常喜歡 hide with Spread Beaver 的成員，對他們絕對信賴，但吵架也是家常便飯。跟ＫＩＹＯＳＨＩ之間，還是經常為了「那個樂團很酷」、「不，不酷」之類的芝麻小事吵架。CHIROLYN的毛病是，聽到「這個現場……」就會大叫：「不要說現場！這是樂團啊！」然後打群架。有時，連周遭人都會被捲進來，引發大騷動。但是，隔天早上hide一定會打電話來說：「昨天對不起。」事情就解決了。

為了宣傳《ROCKET DIVE》，也上過幾個歌唱節目。hide在歌唱節目演出時，不是被墨汁雨淋溼，就是背後有上半身裸體的女性們在跳舞，這些激烈的表演都成話題。這時他並沒有特別預定要做什麼，只是討論時製作人問：「hide，這首曲子要做什麼？」他想到錄影帶的拍攝過程，就提出吊在半空中的主意，然後就被採用了。「我是不是變成會做什麼（特別的事）的人物了？」hide嘴巴這麼說，但演奏時還是會在舞台上開心地跳舞。

看到《ROCKET DIVE》順利起飛後，為了開始正式錄製第三張專輯《Ja，Zoo》，hide搭上最討厭的飛機去了洛杉磯。變成 hide with Spread Baver 的樂團名義後，樂曲製作還是跟以前一樣，由hide和I．N．A兩人使用電腦創作。hide前年搬進去的房子位於公寓三樓，從窗戶可以望盡整個比佛利山城市。頂樓還有游泳池，是個開放感十足、可以休閒放鬆的地方。但是，這種事與hide完全無關。從到達洛杉磯那天起，他就開始工作了。

選在洛杉磯錄音，一個理由是X JAPAN的據點在這裡，另一個理由是空氣乾燥，所以「聲音好」。尤其是鼓的音色，與在溼度高的日本錄的聲音明顯不同。很多音樂人都說：「來洛杉磯錄音是因為聲音好。」但是，hide起初不信，心想：「根本是裝模作樣。」自己實際錄音後，發覺真的有差，就決定都來洛杉磯錄音了。

然而，偏偏今年的洛杉磯多雨。氣象預報說因為聖嬰現象，雨會連下三個月，空氣罕見的潮溼。這樣幹嘛要來洛杉磯錄音呢？hide找I・N・A商量說：「既然這樣，跟在山中湖錄音也沒什麼差別，要不要回日本？」但是，他們已經把堆積如山的器材都搬來洛杉磯，沒那麼容易改變錄音場所。撇開聲音不談，在全世界哪個地方錄音都一樣。錄音中，hide和I・N・A都過著關在錄音室裡的生活，所以，藍天、聖嬰現象、雨、雪、暴風雨都與他們無關。預定在五月播出的電台節目「All Night Nippon R」的工作人員，從東京來洛杉磯錄製時，很久沒在明亮的白天街上走來走去的hide，說出了不可思議的話：「曬太多陽光，光合作用太久，感覺會生蛋。」

兩人作為工作場所的錄音室，從設置在hide住處的前製作業房間，搬到了在附近租的空間。新的錄音室所在的辦公大樓以前是精神病院，所以窗戶都裝了鐵欄杆，給人陰森森的感覺。但是，晚上都沒有人，發出再大的聲音都不會有人抗議，正好用來當錄音室。

問題是那個地方不能抽菸。在洛杉磯，室內完全不能抽菸。以前錄音室在自己家裡，可以盡情地抽，沒有人會抗議。現在，不論這棟大樓以前是多麼陰森的神經病院，既然成了辦公大樓，就不能在房間裡抽菸。不過，白天很多人進進出出的這棟大樓，到了晚上都只剩下hide和I．N．A，沒有其他人。兩人想一定不會被發現，就在半夜偷偷抽菸，回家前把味道消除再離開房間。但是，隔天一去就看到錄音室被貼了一張字條，上面大大寫著「禁菸」。半夜都沒有人在，怎麼會被發現呢？兩人百思不解。「是有監視器嗎？」、「是有誰在偷看嗎？」兩人這麼想，還是在半夜繼續偷抽菸。幾天後他們才知道理由。這棟大樓的空調都連在一起，管道經過所有房間。所以，他們只消除自己房間的味道，偷抽菸的事還是會被發現。這樣就沒辦法找藉口辯解了，兩人想抽菸時只能去錄音室外面當「螢火蟲族」。

第三張專輯用的試聽曲，在前年的山中湖合宿時，大約作了二十首。hide在合宿的最後一天，腳踝嚴重骨折。幸好在那之前，作曲作得非常順利，完成了不少試聽曲。hide和I．N．A先去，是為了整理作好的樂曲。製作《PSYENCE》時，在最終階段把前一年作的曲子都作廢了，這次也打算把不合hide心意的曲子作廢。之前的兩張專輯，都收錄了十六首曲子，但下一張考慮減少收錄曲數。以前自己喜歡的西洋音樂專輯，大多是收錄八～十首曲子，而且，曲數越少似乎越能展現每首曲子的特色。

hide開始把選出來的曲子做最後的歸納，但一直沒有什麼進展。不論怎麼做，都沒有感覺「就是這樣！」的瞬間。hide把這個瓶頸怪罪到聖嬰現象，對著天空咒罵。是比其他早一步錄了鼓聲的《PINK SPIDER》、《ever free》這兩首曲子，突破了這個惡劣的狀況。清楚看到這二首曲子的完成藍圖，提升了hide停滯的動力。剛開始創作時，hide是想把他稱為「偽Group Sounds」的大眾化的《ever free》當成下一次的單曲。這時，搖滾的《PINK SPIDER》的靈感同時湧現腦海，就先趁勢完成了。《PINK SPIDER》的旋律擁有hide擅長的大眾性，卻是以大量Riff為主的重搖滾，就hide一直以來的想法，並不適合用來作成單曲。至今，hide都刻意不把自己喜歡的擁有大量Riff的曲子作成單曲，但是，唯獨這一首，他覺得說不定可以挑戰日本的暢銷排行榜。對樂曲、對編曲、對歌詞的世界，他都有自信。

hide把《PINK SPIDER》的聲源寄給唱片公司，作為下一首單曲的候選。沒過多久，又寄了《ever free》，想當成附加歌曲。結果唱片公司的負責人兩首都喜歡，說要在一個月內出兩張單曲。就這樣，第二彈、第三彈的單曲，在五月連續發行了兩張。這時，hide想到的宣傳文宣是「一個月來二次」的詼諧標語。

hide在心中替《ROCKET DIVE》、《PINK SPIDER》、《ever free》三首曲子，定位為三部曲。《ROCKET DIVE》重視的是氣勢，為了「給歌迷們打氣」，也為了鼓勵努力邁向個人演出的自己，寫的都是積極向前看的歌詞。但是，發行一段時間後，在洛杉磯客觀地聽這首歌，覺得「不能一直這樣唱下去，也必須唱給大家知道，社會並不是那麼盡如人意」。《ROCKET DIVE》是讓聽到「想去的地方哪裡都能去」的人產生動力，《PINK SPIDER》是失敗和困難的提示，告訴大家「這個社會並不是那麼美好」，《ever free》告訴大家「人生要重來幾次都行」，再給大家勇氣。這首曲子，全都帶著hide明快的訊息。

尤其是《PINK SPIDER》，對hide來說，可以說是至今所作的曲子當中，數一數二的代表作。這首曲子的完成，讓他有了自信，可以實現一直以來的「摧毀西洋音樂與日本音樂的壁壘」的目標。在這之前的hide太在意暢銷排行榜，被「這首曲子可能不會被日本認同」的強迫觀念困住。成立zilch後，他才確定自己想做的音樂和非做不可的音樂的焦點並沒有錯。無論如何，hide都想讓在這種狀況下完成的《PINK SPIDER》大暢銷。他有自信，但《PINK SPIDER》並不是日本暢銷排行榜熟悉的那種曲子，所以，不大力宣傳就會被擠出這個社會。為了避免這樣的事發生，hide囑咐工作人員安排比《ROCKET DIVE》更緊湊的宣傳行程。

今年、明年都是滿滿的行程

就在第三張專輯的錄音順利進行當中，hide with Spread Beaver的成員要來洛杉磯拍宣傳影帶了。hide非常開心，引頸期盼成員們到來的日子。一直是跟I・N・A兩人單獨工作，所以，很期待見到成員們。

首先，先發組的JOE、CHIROLYN、DIE到了洛杉磯。三個人的裝扮怎麼看都不像普通人，所以，工作人員都提心弔膽，擔心「他們能不能順利入境」？果然，CHIROLYN因為貝斯盒上貼著「hide with Spread Beaver」的貼紙被盯上，不能入境。「選了最害羞的單字」的這個樂團名字，在美國是帶有女性難以啟齒含意的俚語。所以，刻意貼上這個俚語的CHIROLYN也被當成可疑人物。最後，把膠帶貼在貼紙上才被允許入境，但工作人員都嚇出一身冷汗。

好不容易到達的成員正在旅館休息時，hide突然快步走進房間，以放克風格打招呼說：「今晚喝酒去！」看到他興致這麼好，還因為時差昏昏沉沉的成員都啞然無言。受到聖嬰現象影響，天氣一直不好的洛杉磯，大約一週前氣候好轉，成員們正好在連日的好天氣中到來，所以hide的心情也好到了極點。當晚，成員和工作人員齊聚在洛杉磯的餐廳，召開了拍攝前的餐會。

隔天，後發組的KIYOSHI和K・A・Z到達。兩人立刻被帶到錄音室，KIYOSHI被hide逼著彈第一次聽到的曲子。儘管驚訝，他還是開始彈吉他，馬上有人在旁邊說：「這是試拍。」用攝影機拍了起來。「這是什麼曲子？我完全沒聽說啊。」KIYOSHI驚訝地問，hide笑咪咪地說了《ever free》這首曲子的標題、五月要出第三張單曲、現在正在拍宣傳影帶等事。只聽說要拍《PINK SPIDER》的KIYOSHI說：「搞什麼啊，我沒聽說呀。」hide露出調皮搗蛋的孩子般的表情，吐舌頭說：「因為我沒有告訴你啊。」被這樣的反駁說得啞口無言的KIYOSHI，只能繼續彈吉他。

第二天，終於到了《PINK SPIDER》的拍攝日。《ever free》的宣傳影帶，是在拍幕後花絮般的氣氛中拍攝，《PINK SPIDER》卻是搭建豪華背景的大規模攝影。外景場地在市中心的老舊旅館，那裡是主演電影《火線追緝令》的布萊德彼特差點被殺死的地方。旅館位於洛杉磯市內治安最糟的一區，歇業後變成便宜公寓，現在是快要變成廢墟的荒廢大樓。牆壁油漆剝落、磨損的地毯到處是汙漬，也沒有電。成員和工作人員一到達，當地的工作人員和警察立刻闖進來說：「絕對不要走出建築物，針筒會從上面掉下來。」給了他們可怕的警告。他們被這句話嚇到，往建築物外面一看，地面上果然撒滿了碎裂的針筒。像是住在這裡的住戶，也都是看起來稀奇古怪的可疑模樣，還爆發過工作人員差點被一起搭電梯的住戶猛然搶走器材的事。然而，來攝影的hide和成員，在電梯撞見住戶時，那些外表魁梧、兇惡的外國人，卻宛如看到了可怕的東西，撇開了視線。他們一定是看到 hide with Spread Beaver 一行人的奇裝異服，覺得自己差遠了。這就是hide把以前從經驗中得到的「遇到危險的人，只要把自己裝得更危險就行了」的教訓，運用在現實中的案例。

拍攝時有很多危險畫面，例如，hide破壞巨大的玻璃道具、跟成員一起走在針筒會掉落的大樓外的路上，所幸安全結束了。一整天都處於繃緊神經的拍攝中，所以，結束後hide和成員也都鬆了一口氣。回到旅館的一行人，去烤肉店吃遲來的晚餐，順便開慶功宴。成員們還有時差，又剛結束長時間的辛苦攝影，都筋疲力盡了，唯獨hide一個人精力旺盛地說：「去喝酒嘛！」還興致勃勃地說：「你們難得來美國，一定要去看脫衣舞秀。」以前zilch錄音的錄音室對面，有一家脫衣舞酒吧，那裡不只有脫衣舞秀，還有撞球、吧台，是一間非常有加州風格的開朗活潑的店。跟zilch的成員來過幾次這家店的hide，希望也能帶 hide with Spread Beaver 的成員來體驗開朗活潑的脫衣舞的美國風氛圍。成員難得從日本千里迢迢而來，這是hide想讓他們盡情享樂的最高級歡迎方式，然而，對筋疲力盡的成員來說，卻是既感謝又有點困擾的招待。

拍這卷影帶時，hide被來自日本的好幾位採訪者問到關於第三張專輯的事，他都回答：「就像深紫色樂團的《MACHINE HEAD》那樣的專輯。」深紫色樂團是一九七〇年代的硬搖滾黃金時代的當紅樂團，全都是名曲的《MACHINE HEAD》被視為的他們的代表作，是暢銷全球的作品。當時，他也宣布了第三張專輯的名字是《Ja，Zoo》。這個名字是把日本（JAPAN）與動物園（Zoo）混合起來的造語。

hide真的很喜歡造語。《PSYENCE》、《Ja，Zoo》也是造語，還有LEMONed、Psyborg rock、こわいい（kowaii）、Kotona（大小孩）等，他創造出來的造語非常多。對向來追求與眾不同、獨一無二的hide來說，造語非常適合用來表現不存在於其他任何地方的自我。

在歌詞上的hide的文字選擇方式，也非常獨特。製作首張專輯時，曾被唱片公司的製作人說：「hide的歌詞很難懂。」但他本人從來沒想過要把歌詞寫得很難懂，只是追求與眾不同的原創性而已。hide作的歌詞，是以搭配旋律聽起來順耳為第一條件。決定主題後，大約三〇分鐘一氣呵成。但是，初稿完成後，還要花很多時間反覆推敲幾十遍。最初的靈感，三〇分鐘就能寫出來，但是，從這之後到完成需要龐大的時間，跟作曲的過程完全一樣。他喜歡諧音、押韻，那也是加深旋律印象的一種手法。首張、第二張的時候，他寫歌詞都很快，但是，採用hide with Spread Beaver的名義後，突然變成要花很多的時間，因為他改變了書寫方式。開始挑戰新的作詞手法，是從單曲三部曲、《Ja，Zoo》的收錄曲開始。

一九九八年四月二十九日，hide為了五月即將發行的《PINK SPIDER》和《ever free》兩張單曲的宣傳回國。起初是預定完成第三張專輯《Ja，Zoo》後再回國，但是，錄音時間太匆促，所以暫時停止了作業。

「一個月要出二張單曲，所以，我想多做一倍的宣傳。總之，幫我安排很多採訪。」hide比往常更熱心地鞭策工作人員。「要發行兩首，所以，每一首要各上兩次電視。」被這麼囑咐的宣傳工作人員說：「《PINK SPIDER》已經安排好了，可是《ever free》還有點問題……」立刻被強硬的口吻斥責：「這樣一個月發行兩張不就沒有意義了！」hide幾乎沒有責罵過工作人員，所以，那個工作人員深深感受到，hide對這兩張單曲有著非比尋常的情感。

《Ja，Zoo》的完成日延後，專輯的發行日還沒決定，但夏天要舉辦的巡演已經決定了行程。原本是預定提著專輯辦巡演，但不可能來得及，所以，hide想以三張單曲為主，改成「Pretribal Ja, Zoo」巡演。那之後，還有zilch的專輯發行與日本巡演等著他。

前一年夏天舉辦過第一屆的夜店活動「MIX LEMONeD JELLY2」的準備，也如火如茶進行中。他檢討過上次的活動後，今年想在一塊用地內大約設置五處的夜店，不必再跑好幾間夜店。可以設置泳裝夜店、滑水夜店、立體夜店等，創造沒有看Live的時候也能開心玩樂的空間。hide的這些想法不斷地延伸擴展，工作人員都為了實現這些想法忙得人仰馬翻。

新的官方歌迷俱樂部JETS也啟動了。JETS這個歌迷俱樂部的名字，是取自「帶著會員和hide機長，一起去hide想去的地方」的噴射機的意思。因為這樣的命名，所以會員證是護照型式的精心設計。

在洛杉磯錄製的電台節目「All Night Nippon R」，預計分四次播出，另外還敲定了現場直播的時間。

元旦的報紙也已經宣布，他將在MTV JAPAN的活動中，與瑪莉蓮・曼森共同演出。隔年的一九九九年與瑪莉蓮・曼森一起巡演的計畫，也在進行中。巡演的預定是，在美國以瑪莉蓮・曼森為主唱者，在日本以hide為主唱者。對hide來說，一九九九年應該是長年夢想往全球出發的一年。

而且，東京巨蛋的Live也預定好了。他計畫在這一年舉辦很多場Live，會場也考慮選擇從大體育場到Live House的各種場地。

回國當天，他從機場打電話給母親，聽母親說錄音室的設計圖剛好完成。那是夢寐以求的錄音室，所以他非常開心。每次ｈｉｄｅ搬家，母親都會買很多傢具，所以他對母親說：「這次什麼都不要買，我只要有錄音室就行了。我自己的生活，有裝橘子的紙箱和棉被就夠了。」

二天後的五月一日，自洛杉磯以來許久不見的 hide with Spread Beaver 的成員，因為電視節目「Rocket Punch」的錄影又集合了。在錄製四週份的來賓演出的中間休息時間，ｈｉｄｅ還錄製了幾十則給全國的電視、電台節目播放的訪談。全部錄完後，還露出不滿的表情說：「只有這樣啊？」由此可見ｈｉｄｅ對宣傳有多麼強烈的熱忱。

錄影結束後，他一如往常帶著成員去辦慶功宴續攤。第一家是去朋友經營的位於五反田的店，ｈｉｄｅ向在店裡演奏的樂團點了 Billy Joel 的《Honesty》，心情非常好。然後，轉往位於西麻布常去的店。一如往常喝到天亮，一如往常由裕士開車送他回自己家。到家時，是早上六點半左右。這是他回到日本時，再平常不過的一個日常的場景。

就在短短的二小時之後，ｈｉｄｅ沒有告訴任何人，便獨自踏上了旅程。

他踏踏實實地一階一階爬上漫長、漫長的階梯，終於來到只差一點點距離便可握有最高處夢想的地方。

卻在這個地方，驟然消失在藍天的彼方。

結語

二〇一八年六月，風靡全日本的世界盃足球賽直播電視節目，把ｈｉｄｅ的《ROCKET DIVE》當成主題曲播放。網路上一片「現在聽也不覺得老舊」、「不像二十年前的曲子」的驚豔聲，《ROCKET DIVE》這個名詞也成了推特的流行語。世間再次認識了ｈｉｄｅ永不褪色的音樂魅力。

每年，十二月十三日在川崎 CLUB CITTA所舉辦的「生日舞會」、以及五月二日的「紀念活動」，都會聚集很多的歌迷。在重要的年度，也會在味之素體育場、台場野外特設舞台、新木場 Studio Coast 等地，舉辦大規模的活動。公開宣稱敬愛ｈｉｄｅ並受其影響的藝人所參與的紀念專輯，總計八張，參加數多達九十組以上。其中也有對ｈｉｄｅ活躍的時代並不熟悉的新世代藝人，由此可以確定他的音樂源源流長地傳承給了許多人。

被問到將來的藝人模樣，ｈｉｄｅ回答：「用電腦繪圖重現自己，久而久之就互換演出了。」現在，用電腦繪圖做出來的藝人並不稀奇，但是，在二十五年前的日常會話中出現這樣的話，令人驚訝。而且，他很早就著眼於ＤＴＭ（Desktop Music ＝ Computer Music）的可能性，使用當時最先進的技術，以所謂PSYBORG ROCK的獨自手法，創造出了無數的名曲。讓許多人異口同聲地說「現在聽也不覺得老舊」的他的音樂，也只有經常追求新奇、追求原創性並具體實現的他才做得到。

ｈｉｄｅ比誰都早察覺網路時代即將來臨，從一九九〇年代中期就非常會使用網頁。「個人可以透過網路，自由地傳送音樂、影像、照片的時代一定會來臨。」ｈｉｄｅ這麼堅信，也為那天的到來做好了準備。他對虛擬空間也有興趣，相信那個存在，讀遍了相關書籍。ｈｉｄｅ看準的未來都成了現實，他的先見之明準得可怕。

ｈｉｄｅ的音樂不管在一九九〇年代或現今，都能持續獲得許多人的喜愛，是因為他做出了永遠不覺得老舊的音樂，同時，也有許多人對他勇往直前的生存方式產生了共鳴。今後，無論時代如何變遷，ｈｉｄｅ一定會繼續透過音樂和Ｌｉｖｅ影像，傳送他獨一無二的魅力。

ｈｉｄｅ會超越時代，持續發光發亮到未來。

後記

寫這本書的契機，是想「讓更多人知道hide充滿刺激軼事的快樂、有趣、迷人的人生」！

hide去天堂旅行後，我回顧之前執筆的許多採訪報導、訪談許多相關人士，在雜誌寫了很多報導。書也出版了三本，分別是《hide Bible》（二〇〇八年音樂專科社／相關人士採訪中心）、《hide Perfect Treasures》（二〇一六年CSI株式會社／相關商品的複製品與秘藏寫真中心）、《hide Word File》（二〇一八年Seven & I出版／名言集）。在那些雜誌與書籍中，寫過無數次hide的故事，每次寫都是驚嘆連連：「多麼有趣的人生啊！」甚至想過：「如果全部匯集成一本書，會變成晨間連續劇的原作吧（意思是半年間每天都會有有趣的故事）？」不好意思，我是晨間連續劇迷（笑）。

我第一次見到hide，是一九八八年在目黑鹿鳴館附近的居酒屋，當時對他的印象是「戴著黑帽子很像爬蟲類的人」。隔年，X實現主流出道，我開始每個月去採訪他。

與出道同時展開的巡演，在川崎 CLUB CITTA 舉行Ｌｉｖｅ時，很多雜誌編輯部的人找上我說：「Ｘ很受歡迎，所以我們想報導，但我們的寫手都不熟這個領域，可以請妳寫報導嗎？」分別替好幾本雜誌寫Ｌｉｖｅ報導很累，所以我通常不會接這樣的工作，但是，當時我已經很喜歡Ｘ，結果替五～六家雜誌寫了Ｌｉｖｅ報導。察覺這件事的ｈｉｄｅ，對我說：「不論看哪本雜誌，都是大島姊寫的。」那之後，感覺我們之間的友誼急遽增長。他很快把私人連絡方式告訴我，不知不覺中我的採訪成為一天最後的工作，然後直接被帶去喝酒的地方（笑）。我曾在Ｘ展開全國巡演時做貼身同行採訪，聽說是ｈｉｄｅ指名我當寫手，理由是「每天都會參加酒聚」。我沒有仔細算過，但是，我應該採訪過他一百次以上，跟他喝酒的次數也超過一百次以上。我跟他去過箱根和長野的溫泉，也跟他在紐約、洛杉磯一起玩過，有數不清的回憶。在這本書裡，也有很多是我實際陪在他身旁一起體驗的故事。

對他的印象一言以敝之，就是個淘氣、服務精神旺盛、有趣的人。吃喝玩樂的時候就不用說了，連採訪時的他都很有趣。即使是正在採訪中，他也會讓在場所有人捧腹大笑。例如，我在本文中提到的「小學因為太胖被迫跑校園的回憶」的採訪，他為了表現從校舍傳來「胖子，加油，快跑！」的奚落聲，於是「胖子」這個名詞環繞迴響的感覺，他真的繞著桌上的錄音機跑了一圈，發出時大時小的聲音，重現當時在自己心中震響的「胖子」這個名詞。「用網球拍模仿彈吉他的樣子，被母親撞見，趕緊換成打球姿勢」的事、「kyo摩西事件」、「SUGIZO門簾事件」，也都是他拿手的話題。雖然採訪和酒席上聽過很多次，但是，他每次的話術都太高明，所以我還是會大笑。這時候的他，座右銘是「有趣的謊言勝過無聊的事實」，總是會把事情加以渲染炒熱氣氛，我想他一定是喜歡看到周圍的人都在笑。

hide在酒方面的事件很多，被稱為「hidera」的事件也不在少數。在I・N・A的著作《沒有你的世界》中，有「不知道是誰說的」的敘述，呃，我想語源就是我。當時，我把一起喝酒時的事寫得很好笑，以「Rrock'n roll日記」、「Yubamanngashira（註：喝酒團體的名稱，不具任何意思）」的專欄在雜誌上連載，hide常對我說：「妳老是一副唯我獨醒的樣子在寫稿，偶爾也寫寫自己的事嘛。」所以，我要以懺悔的心情告白。有一天，我們一如往常喝通宵，清晨要去第四攤位於惠比壽的攤子時，途中順道去了超商。喝醉的我突然說：「我想吃甜食。」就拿起架上的草莓Pocky，啪哩啪哩吃了起來。因為沒有去收銀台結帳，所以hide衝過來對我說：「妳在幹嘛啊！」我還以為他是要責備我喝醉了，沒想到他自己也抓起一把草莓Pocky，跟我一起大口大口吃了起來。當時，喝醉的我被稱為「akera」（我並沒有大吵大鬧），周遭朋友都大笑著說：「akera對hidera～！」我想這就是hidera的語源吧。當然，朋友們有幫我們結帳。對於那件事，ｈｉｄｅ說：「還沒出嫁的窩囊醉女，如果因竊盜罪被捕太可憐啊，所以我就當妳同夥啦，以後請叫我天使大人。」搞不懂ｈｉｄｅ是好心還是怎麼樣（笑）。

這次，為了寫他的歷史，我重聽了所有還留著聲源的採訪（包括本人與相關者），也重讀了所有自己寫的文章。然後，又請之前沒有機會訪談的人接受我多次的採訪。已經是二十年、三十年、四十年前的事了，所以，裡面的細節難免會有些出入，若是ｈｉｄｅ自己說過的話有留下來，我就會以那些為優先。以他的個性，或許會把話說得誇張好笑一些，就請大家付之一笑吧。

因為是給廣大世代的人們閱讀，所以，本文中的固有名詞只要超過五個英文字母，基本上就會使用片假名（也有例外[*]）。我由衷希望，透過ｈｉｄｅ積極向前衝的三十三年軌跡，能讓大家或笑、或驚、或產生共鳴，有所感受。

大島曉美

＊以上指日文出版狀況。書中各藝人、團體名稱以台灣官方譯名為主，若無官方譯名則使用台灣習慣名稱。

第3章

＊1
被迫延期的巡演／X的主流出道後的第二次巡演「ROSE & BLOOD TOUR」。從1989年9月開始，中途因為YOSHIKI的身體狀況不好而中斷，到1990年5月才終了。

＊2
X的Film Gig ／ 1990年12月開始的「X Film Gigs～全身沾滿血與薔薇～」。在全國展演廳舉辦了41場公演。

＊3
巡迴體育場規模（Arena class）的全國巡演／CUP NOODLE 20th ANNIVERSARY HOT GIGS Violence in Jealousy Tour 1991 ～只活在夢裡～從1991年8月到11月，共舉行了16場公演。

＊4
全國巡演最後一場／1991年12月20日在日本武道館舉行的「這是最後嗎!?Violence In Jealousy Tour 1991 Final FILM GIG SPECIAL」

第4章

＊5
第一本寫真集《無言激》／1992年4月由音樂專科社出版的hide的第一本寫真集

＊6
「Seth et Holth」／1993年9月由King Record（國王唱片）發行的影像作品「Seth et Holth」。

＊7
首次的澀谷公會堂Live ／ 1989年3月 BLUE BLOOD TOUR第二場Live。

＊8
《ART OF LIFE》／1993年8月發行的收錄30分鐘樂曲的迷你專輯。是HEATH加入後的X JAPAN的第一張作品。

＊9
hide的首次個人巡演／1994年3月展開的首次個人巡演「hide FIRST SOLO TOUR '94 HIDE OUR PSYCHOMMUNITY ～歡迎光臨hide房間～」

＊10
Randy Rhoads ／以美男子聞名的Quiet Riot ～ Ozzy Osbourne的吉他手。25歲時因空難驟逝。

＊11
巡演後半的橫濱體育場／1994年4月9日、10日舉行的橫濱體育場公演。

＊12
錄影帶作品／收錄首次個人巡演的錄影帶「FILM THE PSYCHOM MUNITY REEL.1」、「FILM THE PSYCHOM MUNITY REEL.2」。1994年10月及11月發行。

＊13
使用於X JAPAN的Film Gig（影片演出）／1993年舉辦的「LAWSON PRESENTS X JAPAN FILM GIGS 1993 ～VISUAL SHOCK 攻擊再開～」共54場公演

第5章

＊14
再混音（Remix）／將既存的樂曲重新編輯、架構，作成新樂曲的手法。

＊15
澀谷系／1990年代從澀谷發跡、流行的時髦都市型音樂風潮的總稱。

＊16
X JAPAN的全國巡演／1995年11月展開的DAHLIA TOUR 1995-1996

＊17
立即展開巡演／1996年9月開始的第二次個人巡演「hide solo tour 1996-PSYENCE A GO GO」。

＊18
Indian summer special ／ 1996年9月在千葉海洋球場舉辦的活動「LEMONed presents hide Indian Summer Special」。

＊19
DIE的個人專輯／1996年3月發行的首張個人專輯《SPEED BALL》收錄曲

＊20
通宵達旦夜店活動／1997年8月舉辦的「all night club event "hide presents MIX LEMONed JELLY"」

＊21
12月31日／1997年12月31日在東京巨蛋舉行的X JAPAN的解散Live「THE LAST LIVE ～最後一夜～」。

參考文獻

ARENA37℃、X JAPAN Memorial Photo Album The Final Countdown for 1994 Tokyo Dome、
Xライヴ写真集　ROSE & BLOOD TOUR、SHOXX 、SHOXX FILE X JAPAN、hide SHOXX & ARENA37℃
Backnumber File、hide BIBLE、HIDE 無言激、ロックンロール日記、大島暁美著作集、ROCK' N ROLL PIX(音楽専科社)
FOOL' S MATE、ART OF LIFE、VISUALBUM(FOOL' S MATE)
ROCKIN' ON JAPAN、X PSYCHEDELIC VIOLENCE CRIME OF VISUAL SHOCK(ロッキング・オン)
バンドやろうぜ、X JAPANの全軌跡、hide DAYS(宝島社)
伝説のバンド「X」の生と死ー宇宙を翔ける友へ(徳間書店)
音楽と人(音楽と人)
兄弟　追憶のhide(講談社)
月刊ギグス、限界破裂本 、B-PASS、YOUNG GUITAR(シンコーミュージック・エンタテイメント)
PATi PATi、PATi PATi ROCK'N ROLL、hide with Spread Beaver LEMONed FILE、uv、WHAT's IN?(ソニー・マガジンズ)
hide 夢と自由(ニッポン放送プロジェクト)
BLUE BLOOD(ドレミ楽譜出版社)
ロッキンf、ストリート・ファイティング・メン、無敵～エクスタシー・ブック～、無敵Ⅱ エクスタシー・ブック1993、
Rockin' Talk CAFE(立東社)
hide 50th anniversary Film『JUNK STORY』(SKIYAKI)、20th Memorial ProjectFilm『HURRY GO ROUND』(UNIVERSAL CONNECT)、
hide Perfect Treasures(CSI株式会社)、hide word FILE(セブン&アイ出版)、
君のいない世界～ hideと過ごした2486日間の軌跡～ (ヤマハミュージックエンタテインメントホールディングス)

hide PROFILE

1964 年 12 月 13 日出生於神奈川縣橫須賀市。是 X JAPAN 的吉他手，受到日本全國人民的喜愛，並以個人歌手 hide 的身分多方面展開活動。從 90 年代初期便開始使用電腦創作音樂，比誰都早察覺到網路的可能性，率先計畫在日本舉辦大型的音樂慶典活動。總是採取走在時代前面的行動，例如，推出有才能的新人樂團、為決戰全世界而在洛杉磯組成多國籍樂團 zilch 等。1998 年 5 月 2 日因意外事故驟逝後，依然受到許多音樂人的尊敬，影響力歷久不衰。

作者 PROFILE
大島暁美

曾任電台的唱片音樂解說廣播員、電視台的採訪記者，後轉為自由寫手。從 80 年代起寫了無數以日本搖滾為主的報導，且活躍領域廣及少女小說、漫畫原作、樂團或慶典活動的製作人等。有《hide BIBLE》（音樂專科社）、《hide Perfect Treasures》（CSI）、《hide word FILE》（Seven & I 出版）等多本著作。因為太喜歡貓，主辦了貓的活動「にゃんだらけ」。

SPECIAL THANKS（敬稱略）

YOSHIKI・TOSHI・PATA・HEATH・TAIJI・SUGIZO(X JAPAN)、I.N.A.・KIYOSHI・JOE・CHIROLYN・DIE・K.A.Z(hide with Spread Beaver)、RAN、Ray McVeigh・Paul Raven(zilch)、RYUICHI・SUGIZO・INORAN・J・真矢(LUNA SEA)、kyo・TETSU(D' ERLANGER)、GEORGE(LADIES ROOM)、TUSK(ZI:KILL)、東京ヤンキース、GLAY、木村世治・YA/NA(ZEPPET STORE)、t・o・L、REM・TOKIHIKO・JIMMY・コースケ(SAVER TIGER)、MAD 大内、VINYL、小山田圭吾(コーネリアス)、少年ナイフ、COALTAR OF THE DEEPERS、GOD、小島真由美、白壁 Rooko 朋子、MICHIKO(MICHIKO' s VOCAL THERAPY)、山田裕康、福本りえ子・石田和代・加藤周子(みどり美容室)、貴志真由子

YOKO(UNITED)、杉本圭司(BACKSTAGE PROJECT)、山本広子、渡辺孝二(音楽専科社)、水口法晃・北川啓二(トレジャーブック)、田中千鶴子(CSI 株式会社)、岩川悟(カウボーイソング)

松本満・順子・裕士

illustration : hide

國家圖書館出版品預行編目資料

Never ending dream : hide story / 大島曉美作 ; 涂愫芸譯.
-- 初版. -- 臺北市 : 臺灣角川, 2020.04
面； 公分. -- (文學放映所 ; 129)
譯自 : Never ending dream-hide story-
ISBN 978-957-743-708-2(平裝)

1.自我實現 2.成功法

177.2 109002628

Never ending dream -hide story-

原著名＊ Never ending dream -hide story-

作　　者＊大島暁美
譯　　者＊涂愫芸

2020 年 4 月 29 日　初版第 1 刷發行

發 行 人＊岩崎剛人
總 經 理＊楊淑媄
資深總監＊許嘉鴻
總 編 輯＊呂慧君
編　　輯＊林毓珊
美術設計＊李曼庭
印　　務＊李明修（主任）、張加恩（主任）、張凱棋

台灣角川

發 行 所＊台灣角川股份有限公司
地　　址＊105 台北市光復北路 11 巷 44 號 5 樓
電　　話＊（02）2747-2433
傳　　真＊（02）2747-2558
網　　址＊http://www.kadokawa.com.tw
劃撥帳戶＊台灣角川股份有限公司
劃撥帳號＊ 19487412
法律顧問＊有澤法律事務所
製　　版＊尚騰印刷事業有限公司
I S B N＊ 978-957-743-708-2

照片／管野秀夫（CAPS）
設計・裝幀／前川恵子
編輯／川島淳子
監修・協力／松本裕士、佐々木繁、大森恵美子
塚田かず美、朝比奈良紀（株式会社ヘッドワックスオーガナイゼーション）
諸熊聡子（株式会社ヘッドワックスオーガナイゼーション／ JETS）